U0045255

天下文化
BELIEVE IN READING

三都傳奇

東京、名古屋、京都的
文化散步

月翔——著

社會人文BGB555

三都傳奇

目錄

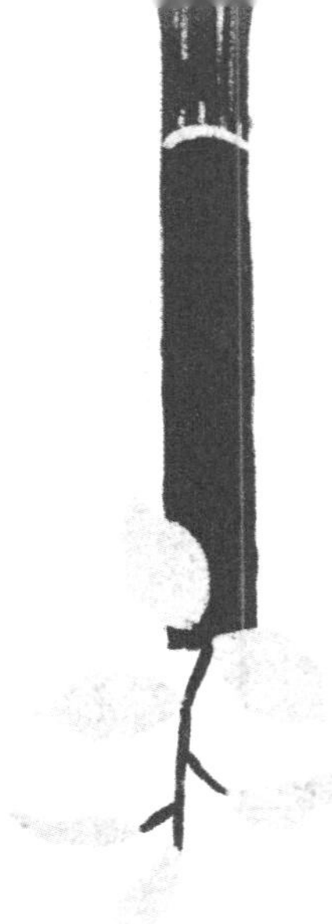

第一部 畫說西京

從平安時代的盛唐遺風，到日本人的心靈故鄉

第二部 戲說中京

從戰國時代的兵家必爭，到全國票選的「最無聊城市」

第三部 笑說東京

從江戶時代的「將軍膝蓋」，到傲視全球的 Mega City

序——從三都看日本的「不易流行」

隨著新冠疫情趨緩，旅人終於能夠重新背起行囊飛往世界，一海之隔的日本成為旅人心目中的首選。重新踏上日本，不少人認為日本變了，街上不再是千篇一律的連鎖藥妝店、拍照打卡的網美咖啡店。取而代之的是具有當地特色的商鋪、在地人熟悉的傳統飲食。

過去太過討好觀光客的做法，影響了在地居民的生活，形成「觀光公害」，不但無法讓旅人體會日本真實的美好，也造成當地居民反彈。為了避免重蹈覆轍，勢必要找到觀光客與在地居民共存的平衡點。

最好的方法，莫過於「入境隨俗」。但是旅人要如何了解日本各地的風俗民情呢？本書挑選東京、名古屋、京都，借文人松尾芭蕉的

「不易流行」，解析這三座深具代表性的城市——不隨物換星移而改變的本質，即為「不易」；隨著時勢而調整的變化，則為「流行」。

例如京都是千年王城，為了維持政治運作，京都人注重公私領域的界線，為了顧全他人的面子與場面和諧，講話往往隱含弦外之音。

東京是四百年歷史的實質首都，隨著日本政權從天皇轉移到武士。東京做為江戶幕府根據地，人口呈現爆炸性成長。老東京人稱為「江戶仔」，住在密集興建的長屋，鄰里之間互通有無互相扶持，展現與京都截然不同的個性。伴隨著二戰後的經濟發展與人口集中，東京人的個性又加上一層疏離感。

名古屋位在東京與京都之間，兼具商人與農民的個性，培養出求實利而捨虛名的務實文化。笑看東京跟京都爭奪首都的榮冠，以堅實的工業發展掌握日本經濟發展的船舵。

日本各地的民風又稱為「縣民性」。旅人若是不懂三個都市截然不同的民風，也許會錯失與當地人深交互動的機會。

掌握城市長久以來不變的本質之後，想要更深入了解城市的變化與脈動。最簡單的方法就是看在地的人吃什麼、推崇什麼歷史名人、發展什麼產業。

這些資訊看似唾手可得，但是隨著短影音、網路資訊的發達。伴隨而來的是超乎負荷的龐大資訊，以及為了博取注意而斷章取義，甚至真偽難辨的碎片化資訊。深入探討知識的專門書籍，往往需要先具備入門知識才能閱讀。導致知識往兩極化發展。

筆者身為日語領隊與通譯案內士，*立志以深入淺出的方式，縱向剖析三座城市獨自的文化，並且橫向比較彼此的異同之處。

從國寶藝術品〈洛中洛外圖屏風〉、京都的世界遺產，介紹京都的歷史脈絡與茶道、懷石料理、舞藝伎文化，乃至於影響世界娛樂文化的任天堂。由改變日本歷史的戰國三英傑，織田信長、豐臣秀吉、德川家康，談名古屋獨樹一格的務實文化。德川家康的子孫振興產業的方法，如何影響豐田汽車登上世界的舞台。

德川家康祖孫三代建立的政治制度，如何促進物流與商業活動，讓原本只是被溼地包圍的小港口，成為人口超過倫敦與巴黎的大城市。歌舞伎、落語、浮世繪如何貫通古今，成為日本流行文化的基礎。近代又是如何受到世界局勢影響，從戰敗國重新振作，成為世界第三大經濟體。

願讀者能以此書為窗，看見更深層的日本之美；以此書為墊腳石，體會日本千年不變的本質，以及與時俱進的變化。

＊編注：「通譯案內士」是「日本國土交通省」委託「日本政府觀光局」（ＪＮＴＯ）舉辦的國家考試。

第一部

畫說西京

從平安時代的盛唐遺風，
到日本人的心靈故鄉

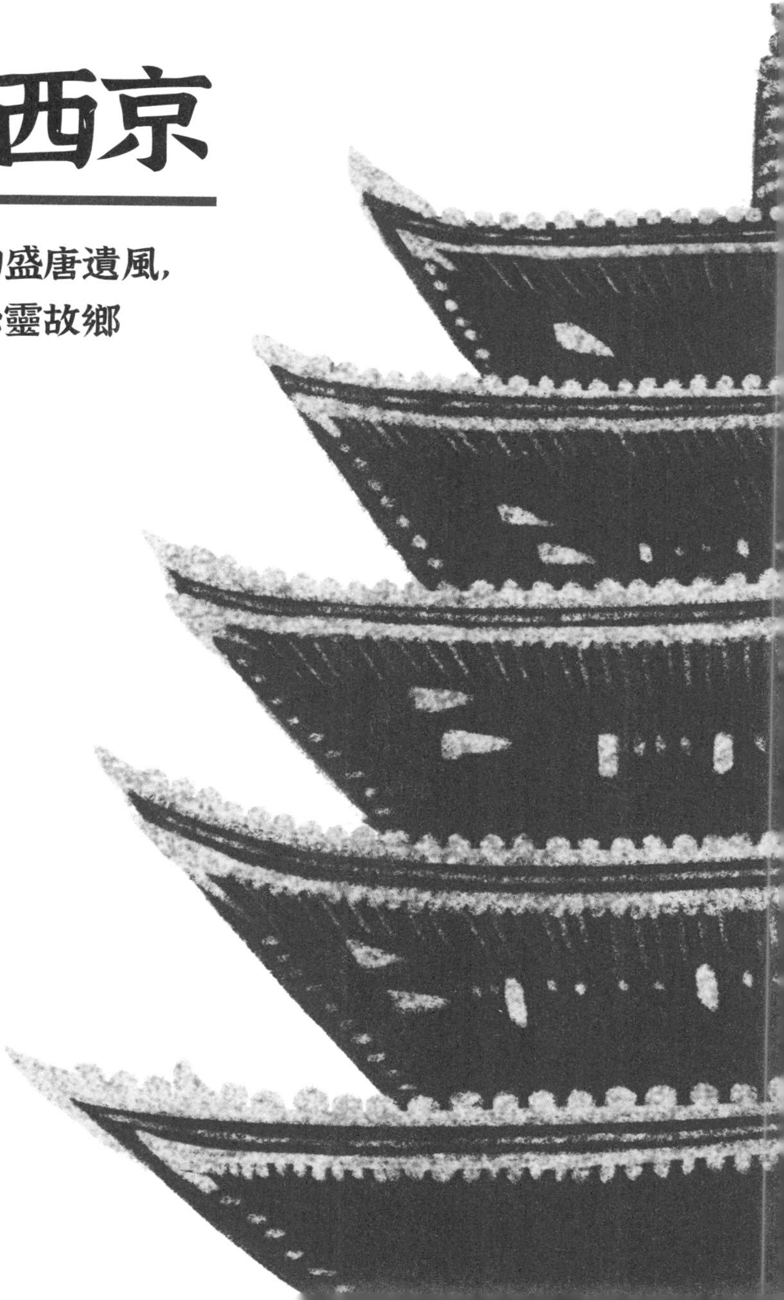

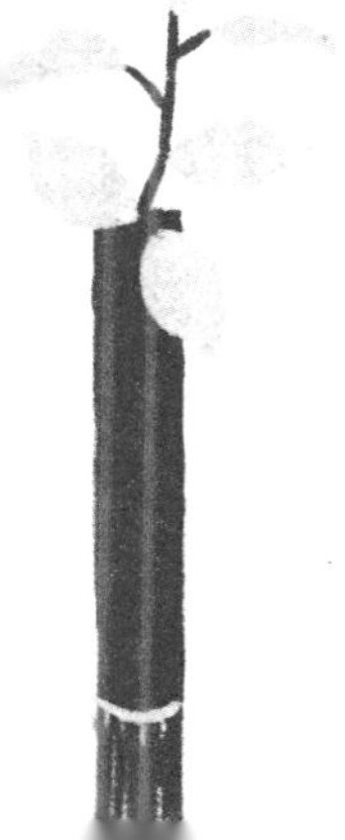

〈洛中洛外圖屏風〉

——京都的璀璨與輝煌——

對喜愛旅遊的國人而言，京都可說是日本文化的代表。這座城市擁有一千兩百年以上的歷史，京都市內有十四座古蹟被聯合國教科文組織選定為世界遺產，其中包含遊客熟知的清水寺、金閣寺、銀閣寺等觀光景點。從歷史的長河來看，奈良的平城京也曾經是日本的都城，城市設計仿照盛唐的長安，年代比京都更久遠，為什麼是後起之秀的京都成為日本文化的故鄉呢？

要了解古都京都的魅力，我們得先釐清京都的定義。依照日本的行政區來看，廣義的京都泛指整個京都府，本書談的京都則是觀光客理解的京都市。接下來讓我們稍稍逆轉歷史的時針，談談日本是如何將首都遷到京都。

力圖改革的第一步——打造新都城

古代的日本朝廷，主體是近畿地區的豪族聯合政權，首都的規模與政治機能仍簡樸陽春。大陸的隋朝、唐朝終結亂世統一中原之後，一海之隔的日本受到刺激，除了積極導入典章制度，佛教成為鎮護國家的國教。因此，奈良的平城京在文化與政治層面上受唐風、佛教的影響太大，還沒摸索出日本獨特的路線。

公元七八一年，四十五歲的桓武天皇即位。他厭倦皇室宗親長期以來為了爭奪皇位而勾心鬥角，也想擺脫奈良佛寺名剎長期介入政治的困境，決定離開奈良，建造新都城。不過京都並非桓武天皇的首選。他把目光放在京都西南方，興建了一座只有十年歷史的長岡京。為什麼力圖改革的他，會放棄自己一手打造的新都城呢？

怨靈作祟，遷都平安京

這件事情牽扯了政治角力與無法解釋的怪奇現象。

當年，負責興建長岡京的藤原種繼遭到暗殺，桓武天皇懷疑幕後的凶手是自己的弟弟早良親王，因為早良親王背後有奈良的佛教勢力做靠山。早良親王為了證明自己的清白選擇絕食，在流放途中憂憤而死。

早良親王死後，長岡京屢次遭逢天災，桓武天皇的親人也相繼離世，其子安殿親王則差點重病而亡。當時盛行御靈信仰，認為含冤而死的怨靈會為人們帶來災厄。桓武天皇為了逃離災厄，選擇將都城遷至平安京，也就是我們所知的京都。

京都位於三面環山的盆地，唯南側有一開口，水陸交通便利。都城東側的鴨川象徵青龍、西邊的道路象徵白虎、北邊的船岡山象徵玄武、南邊的巨椋池象徵朱雀，屬於四神相應的風水寶地。

為了擺脫奈良佛教對於政權的影響，桓武天皇希望導入新的佛教來鎮護國家。當時有兩位僧侶渡海赴唐，學習佛教的教義。僧侶最澄返回日本之後，以京都東北方的比叡山延曆寺開創日本的天台宗道場。在陰陽思想中，東北方被視為災厄進出的通道，需要有強力的佛法做為鎮護。另一位僧侶空海，得到朝廷的賞賜將東寺做為真言宗的道場。在平安時代，東寺與西寺位在平安京入口的羅城門兩側，做為鎮守京城入口的官寺。

如今，東寺的五重塔成為京都的象徵，西寺卻隨著皇權衰退而消失，淹沒於歷史洪流之中，而我們也只能根據史料遙想當年了。

古都屹立千年，看盡千古風流

京都仿造隋唐的國都長安，以北邊的大內裏為中心，東西約四點五公

御靈信仰的代表

含怨而死的早良親王是迫使桓武天皇倉皇搬離長岡京的主因之一，為了安撫早良親王而建造的崇道神社也被稱做京都最可怕的神社。

他與桓武天皇是同父同母的親兄弟，十一歲出家成為僧侶，後因父親繼位為光仁天皇而成為「親王禪師」。

光仁天皇在位十一年後，將皇位讓給桓武天皇，並讓早良親王還俗，立為皇太子。

藤原種繼被暗殺後，早良親王被廢太子位，並被囚禁在長岡京的乙訓寺內。他為證清白而絕食十天，但仍被判流放淡路

里、南北約五點二公里。以中央的朱雀大道為分界，東半邊稱為左京，雅稱為洛陽；西半邊稱為右京，雅稱為長安。

西半邊境內有許多溼地，不利於發展，因此京都的發展主要在東半邊，人們也就習於將京都稱為「洛」，前往京都的行為則被稱為「上洛」。繁榮的市街歸類為洛中，外圍的郊區則稱為洛外。

島，由於衰弱與憂憤，在途中飲恨而終。桓武天皇得知親弟弟的死訊後，漠然以對。早良親王的屍體遂被運到淡路島，潦草下葬。

有一說是桓武天皇想讓兒子安殿親王繼承皇位，早良親王的存在成為阻礙，桓武天皇遂借藤原種繼之死來除掉早良親王。

古代日本對於神靈的觀念與現代略有不同，認為天地萬物間擁有超凡之力者皆可謂神靈，神原無善惡之分，因此祈求神靈將降下災厄的強大力量轉為降福百姓。然而早良親王受到如此殘酷的待遇，難怪會成為強大的怨靈，成為京都御靈信仰的代表之一。

雖說京都的平安京、奈良的平城京都是仿造長安城，但是日本遷都到京都之後只派出兩次遣唐使，且因為唐朝陷入黃巢之亂的動盪，日本在遷都京都的百年後正式終止遣唐使制度。此後，京都開始發展日本自己的國風文化。

也許京都真的是風水寶地，從桓武天皇遷都京都，到一八六九年實質遷都到東京為止，京都做為日本首都的歲月竟長達一千多年。這也讓京都有千年古都的美名。

在這一千多年間，京都見證了多次政權興衰，朝廷大權從皇室旁落到貴族，又因為貴族的紛爭引發武士階層的崛起。

或許正因為京都這座城市見證過歷代風流人物與時代的變遷，老京都人身上總帶著不受時代潮流影響、淡然自處的特質。

〈洛中洛外圖屏風〉盡展風華

除了京都遺留下來的歷史古蹟，還有一項珍貴的藝術品能幫助我們更了解這座古都。中國有北宋畫家張擇端繪製的〈清明上河圖〉，描繪宣和年間汴京的市井風貌。而要看京都的輝煌與璀璨，則莫過於〈洛中洛外圖屏風〉。

現存的〈洛中洛外圖屏風〉總共有七十多件，其中最具國寶價值的是收藏在米澤市上杉博物館的版本，描繪十六世紀京都的風華。〈洛中洛外圖屏風〉是十六世紀的藝術巨匠狩野永德所繪製，他受幕府將軍足利義輝的請託，描繪京都的模樣。為了滿足將軍大名與新興工商業者的需求，發展出使用金箔與濃彩打造華麗壯觀風格的藝術品。

戰國時代的風雲人物織田信長執掌京都之後得到這件藝術品，做為外交禮物送給遠在雪國北陸的上杉謙信。

這件藝術品分為左右兩隻，分別由六扇屏風組成，稱為六曲一雙。屏風的左右兩部分別高約一百六十公分、寬約三百六十公分。全部陳列起來則要七點二公尺的空間。

右隻描繪京都東部的鴨川與東山地區。旅人初訪京都必去的清水寺，描繪在屏風的右上側，沿著五條大橋渡過鴨川，就會看到以祇園祭聞名的八坂感神院，也就是現代的八坂神社。四百多年前的屏風圖，

祇園祭

祇園祭是每年七月於京都舉行的傳統祭典。整個祇園祭長達一個月，這場日本最盛大的祭典，歷史可追溯至八六九年的平安時代。當時京都爆發瘟疫，人們相信是怨靈造成，舉辦「御靈祭」向神祈求消災解厄，後被稱為「祇園御靈會」，此即祇園祭由來。

祇園祭最大的看點是

就描繪了祇園祭著名的山鉾巡行如函谷鉾、大船鉾等在商肆林立的大道中巡行的盛況。左隻則描繪了嵐山、又稱為苔寺的西芳寺、足利義滿建造的金閣寺。

〈洛中洛外圖屏風〉讓人體會到戰國時代京都的活力與熱情。可能有人會覺得奇怪，京都做為風雅的千年古都，為什麼會崇尚這種金碧輝煌的風格呢？這是因為京都的社會文化由兩種不同階層結合而成，一種是以貴族為主體的公家文化，另一種則是以町眾為主體的庶

「山鉾巡行」，這項活動在一九七九年被指定為日本國家重要無形文化資產，並於二〇〇九年獲選為聯合國教科文組織的無形文化遺產。

山鉾的「山」代表高大的山岳、神明憑依的地方，「鉾」是裝飾在頂端的長矛。山鉾在京都市內巡行，驅逐疫病惡靈、聚集各種惡疾，因此會在祭典之後拆除，象徵疾病已被驅除。

民文化。

狩野永德繪製〈洛中洛外圖屏風〉的一百年前，京都正遭逢應仁之亂，除了洛外的古剎與貴族的別莊，洛中的市鎮亦大都遭到破壞。戰後靠著町眾——新興工商業者——的努力而重建，所以〈洛中洛外圖屏風〉描繪的是町眾復興之後的京都風貌。

如果想要緬懷昔日平安貴族的吉光片羽，那就要往宇治的平等院鳳凰堂去。或

應仁之亂

應仁之亂發生於日本室町幕府末期，是從應仁元年（一四六七）到文明九年（一四七七）持續共十一年的大亂。

在這場曠日持久的全國性戰爭中，日本諸大名動員了數十萬兵力，以京都為戰場，分成東、西兩軍相互廝殺。

戰亂過後，貴族與寺院勢力式微，室町幕府走向衰亡，社會秩序也近乎瓦解，此後地方勢力崛起，日本也步入了戰國時代。

是京都三大祭的葵祭。

京都三大祭包含葵祭、祇園祭、時代祭。

葵祭是源自平安時代貴族文化的祭典，由京都北側上賀茂神社與下鴨神社共同舉辦，過程安靜而典雅。

祇園祭熱鬧盛大，最早是鴨川以西的町眾為主體的祭典，現在儼然成為京都最具代表性的祭典。

時代祭則是在一八九五年，為了紀念桓武天皇遷都一千一百週年而創建的祭典，以扮裝遊行的方式讓昔日活躍於京都的貴族、町眾、武士共計二十列隊伍在現代重現。雖然歷史尚短，卻也不失是種樂趣。

如果要透過京都三大祭理解京都的歷史，得在五月訪葵祭、七月觀祇園祭、十月覽時代祭。不妨先透過〈洛中洛外圖屏風〉，鳥瞰室町時代的貴族、武士、町眾的生活縮影。

平等院鳳凰堂

——藤原一族追求的極樂淨土——

在〈洛中洛外圖屏風〉可以看到歷經應仁之亂戰火後，由町眾重建的京都。而如果要一覽平安時代的京都風華，就得追尋貴族的軌跡。

古代日本以皇室為尊，臣籍則有藤橘源平四大姓：藤原、橘氏、源氏、平氏。橘、源、平都是天皇的後代降為臣籍，血緣可以追溯到皇室。唯有藤原的出身背景跟皇室無關，早在日本遷都到京都之前，重臣「中臣」一族獲天皇賜姓為「藤原」。

此「藤原」非彼「藤原」

經常看日劇的讀者，可能會想到女明星藤原紀香。就筆者所知，藤原紀香應該跟四大姓的藤原一族沒有關係。甚至可以更武斷地說，「現在以藤原為姓的日本人，絕大多數都跟藤原一族無關」。目前以藤原為姓的日本人，大都是在明治維新之後，因為政府頒布《平民苗字必稱義務令》，規定所有人都要在戶籍資料登記自己的姓，才自稱為藤原。

四大姓的藤原一族有一千年以上的歷史，家族開枝散葉不盡其數，為了區分嫡流、旁流與分枝，大都以宅邸或別莊的土地為家號。例如古代居住在京都一條的藤原一族，就以一條為家號。建造西園寺的人則以西園寺為家號。宇治的平等院鳳凰堂，則是跟藤原北家有關係。

藤原北家——手握重權的家族領袖

朝廷還在奈良的時代，藤原一族分為四大家系：南家、北家、式家、京家。藤原北家以天皇外祖父的身分就任攝政、關白，代替天皇執行朝政，可以說是「一人之下，萬人之上」。

天皇年幼無法親政的時代，由「攝政」輔佐天皇實行朝政。當天皇年長之後，「關白」則以天皇代理人的身分執行政務。因為這是「一人之下，萬人之上」的職務，擔任攝政、關白的人同時兼任藤原這個大家族的領袖，稱為氏長者，具有推舉族人任官的權力。對外又掌管朝廷官職任命的人事決定權。

藤原北家緊緊將攝政與關白的職位握在家族手中，以政爭的方式鬥倒其他貴族與同族子弟，代代不間斷地獨攬朝政。

例如北野天滿宮供奉的日本學問之神菅原道真，就是受到藤原一族的構陷，被流放到遙遠的九州太宰府，遠離政治中心地京都，兩年後便失意而死。

傳說菅原道真死後化身為雷神，降雷劈死藤原族人，雷電引發火災燒毀宮殿。為了撫平他的怨氣，才在京都與九州太宰府興建神社將他供奉為神。從這個傳說來看，人們不僅同情菅原道真的遭遇，同時也不滿藤原北家的跋扈行為吧。

藤原道長——將家族勢力推至巔峰

位於宇治的平等院鳳凰堂，見證了藤原北家最璀璨的時刻。

遷都京都兩百年後的十世紀後半，藤原北家誕生了一個極富才幹

北野天滿宮

北野天滿宮是京都最古老、最重要的神社之一，與崇道神社都屬於御靈信仰。它創建於九四七年，已有超過一千年的歷史。由於供奉學問之神菅原道真，除了一般民眾會來參拜，更是吸引了眾多祈求在學業成績上綻放光芒與大考金榜題名的青年學子及考生。

這裡也是秋天賞楓與早春賞梅的著名景點。北野天滿宮的楓葉屬於「晚楓」，每年還有期間限定開放的夜楓，夜間的燈光讓楓葉變得更加火紅，美不勝收。

菅原道真非常喜歡梅花，被迫離開京都流放到太宰府時曾作詩歌詠梅花，傳說這株梅樹一夜之間飛到太宰府，號為飛梅，因此在天滿宮境內種植許多梅樹。在晚冬早春之際，有時能看到細雪飄在梅花上的雅緻景色，千萬別錯過了！

的男子——藤原道長。他原本只是家族的五男，因為兄長病逝才獲得繼承權。為了爭取成為天皇外戚，他將自己的長女嫁給當時的天皇。並且聘請藤原一族其他家系的才女，同時也是古典長篇小說《源氏物語》的作者紫式部，擔任女兒的家庭教師一起進入宮中。

即將於二〇二四年上映的大河劇《致光之君》，男女主角就是藤原道長與紫式部。他們曾經留下以和歌互相贈達的紀錄。有一說認為紫式部喪夫之後成為藤原道長的小妾，也有一說認為《源氏物語》的主人翁光源氏就是以藤原道長為原型。

由於當時的皇室繼承權不完全是父死子繼，經常發生兄終弟及或是堂兄弟繼承的情況。藤原道長為了維持自己的權勢，將自己的三個女兒嫁給了前後三任天皇，人稱「一家立三后」。他以天皇外戚的身分，獨攬朝政三十餘年。曾經留下「此世即為吾之世，一如月圓無缺憾」的豪語。

從家族淨土到世界遺產

在藤原道長將家族勢力推至巔峰的平安時代中期，流行末法思想。人們認為，佛陀涅槃後的一千年間是佛的教義、修行、證道都完整具現的正法時代；接下來的一千年是只有教義與修行、無法證道的像法時代；之後的一千年是只剩下教義的末法時代。眼見佛陀的教義即將從世界消滅，陷入強烈的絕望感。貴族尋求解救之道，大規模修建佛寺與佛像、抄錄佛經以求行善。

藤原賴通將繼承自父親藤原道長的別墅改建為佛寺，命名平等院，並請託佛師定朝製作高一丈六的阿彌陀佛坐像，意圖在人世間建造專屬於家族的極樂淨土。受到末法思想的影響，平等院鳳凰堂非常注重建築物的方向。日昇日落的方向象徵時光的流逝，日落的西方是阿彌陀佛的極樂淨土，日昇的東方則象徵藥師如來的世界。

在此生享盡榮華富貴的藤原北家，藉由平等院鳳凰堂前的阿字池做為分界，建構一個今生與來世共存的空間。供奉阿彌陀佛的鳳凰堂坐西朝東，晨起禮佛的藤原北家族人，首先映入眼簾的是朝陽反射在水池的粼粼波光，接下來是用鵝卵石鋪設，象徵吉瑞與仙島的洲濱。

中堂內部供奉著金色的阿彌陀佛如來坐像，周圍

宇治必訪世界遺產

來到宇治，絕對不能錯過平等院鳳凰堂。這個京都著名的景點，不但在一九九五年被列為世界文化遺產，還被印在日幣十元銅板與萬元鈔票上。

平安時代後期一〇五二年，藤原賴通將繼承而來的別莊改為佛寺，創建平等院。接著又建立了安置阿彌陀佛坐像的阿彌陀堂，於一〇五三年完工。

從正面看阿彌陀堂，彷彿屋簷上棲息著一對鳳凰，所以從江戶時期（十七世紀）開始被稱做「鳳凰堂」。

的牆上裝飾著五十二尊雲中供養菩薩像。佛像的正面設有格子窗，中央安置圓窗，天花板懸掛六十六面銅鏡，將燭光反射在格子窗與佛像上。

佛像上方設置華麗的雙重天蓋，內側設有圓形的圓蓋。運用漆藝再鑲上螺鈿，鏤空雕刻著遠從西域經由大唐傳來的唐草花樣。牆壁與門扇則描繪九品來迎圖。

站在阿字池另一端的人，雖然距離鳳凰堂的實際距離不遠，水池塑造的隔離感卻讓參拜者萌生對彼岸來世的憧憬。必須聚精會神才能窺見佛像的莊嚴。一如誠心祈求神佛的救贖。

在藤原道長、藤原賴通父子死後，貴族的勢力開始走下坡，取而代之的是同為四大姓的源平武士。雖然藤原北家已經不復昔日的威信，他們在平等院鳳凰堂追求精神救贖的誠心，以及淬鍊出來的建築與文物之美，仍然能夠讓千年之後的旅人感同身受。

京都五山庭園

——足利一族包裹著宗教的經濟戰——

提到日本文化，很多人會想到枯山水、茶道、花道等傳統文化。追根究柢會發現，這些文化符號竟然不是平安時代的遺產，而是奠基於六百年前的室町時代，融合了禪宗文化的產物。

室町時代對日本文化的影響極大，世界遺產「古都京都的文化財」金閣寺、銀閣寺，以及嵐山賞楓的名勝天龍寺，都是室町時代掌權者足利一族興建而成。諷刺的是，足利一族長期以來受到尊皇意識型態影響，甚至被抹上了逆賊、權臣、無能之君的汙名。

足利尊氏——宛如大夢的人生

這件事要從室町幕府的創始者足利尊氏開始說起。

距今六百多年前的十四世紀，北條一族獨掌鎌倉幕府大權，因為賞罰不公加上經濟政策崩潰，引起朝廷、武士、百姓各階層的反彈。位於京都的後醍醐天皇，號令天下武士起兵打倒北條一族。原本屬於鎌倉幕府旗下的年輕將領足利尊氏，起兵響應後醍醐天皇。戰後為了獎勵他的忠誠與戰功，後醍醐天皇將自己本名「尊治」的「尊」字賜予他使用。

足利尊氏與後醍醐天皇，兩人的關係稱得上君臣和樂融融。但是兩人對於未來的理想不同。後醍醐天皇想要回歸到天皇統治天下的古老時代，但是對武士來說，他們擁護皇室有功，到頭來卻要被縮限權利，內心難免不平。朝廷與武士的理念不同，終於再度爆發了武士的叛亂。

以足利尊氏為首的武士，為了獲得對抗天皇的正當性，利用皇室長期存在的繼承權問題，擁立了另一派擔任天皇，並獲得朝廷的允許來開創幕府。空有理想卻背離現實的後醍醐天皇，趁機逃到奈良，宣示自己才是皇室正統。自此，日本陷入了室町時代與南北朝分治的重疊期。

足利尊氏打從心裡仰慕天皇，但是為了保全家族與旗下派系的生存，他不得不率領眾人與天皇交戰，甚至逼迫天皇退位。手握大權看似風光的足利尊氏，內心卻是非常孤獨與厭世。南北朝對峙的一年後，後醍醐天皇病逝了。足利尊氏在嵐山建立天龍寺悼念後醍醐天皇，並邀請臨濟宗的禪僧夢窗疎石設計寺廟的庭園。

京都的庭園設計，大致上分為環繞水池的池泉回遊式庭園、以雅石和白砂來表現「山」與「水」的枯山水庭園，以及搭配茶室的露地庭園。

遙想足利尊氏獨自端坐於天龍寺中，眺望庭園白砂雅石與後方的曹源池，遠方則以保津川兩側的嵐山與龜山做為借景。

京都第一大寺

天龍寺坐落於京都著名觀光勝地嵯峨嵐山，在京都五山之中享有最高權威。來到天龍寺，絕對不能錯過懸掛於法堂天井的《雲龍圖》，以及曹源池的庭園美景。

《雲龍圖》是為紀念天龍寺開山禪師夢窗疎石圓寂六百五十週年，由日本畫家加山又造繪製而成。雲龍栩栩如生，龍眼炯炯有神，許多遊客慕名而去。

曹源池庭園是池泉回遊式庭園，並且還是京都的人氣賞楓景點，優雅別緻的庭園，配上點點楓紅，讓人感覺如在畫中。

雖然他成為武士的首領，開創日本第二個幕府政權，然而後世批評他是篡奪皇權的逆臣，直到近年才獲得史學家平反。他生前曾向清水寺的神佛獻上願文「人生宛如大夢一場」，反映了他內心的孤獨跟無奈。

足利義滿——不重面子重裡子的將軍大人

南北朝分治的五十多年後，日本分裂的局勢終於歸為一統。這時候幕府的領袖是足利尊氏的孫子，第三代將軍足利義滿。此人正是經典動畫《一休和尚》裡錦衣玉食、時常跟一休作對的將軍大人。

在海的另一邊，大明國經歷了靖難之變，燕王朱棣取代姪子建文帝，史稱明成祖。明成祖為了要彰顯皇權的正統性，積極要求海外諸國來朝貢。當時的日本沒有自己的貨幣政策，市場長期使用中國鑄造的宋錢、明錢等銅幣做為貨幣。為了穩定日本的貨幣供給，並掌握海外貿易的利潤，足利義滿決定接受明成祖的冊封「日本國王」，加入大明國主導的朝貢政策。

足利義滿擅自接受「日本國王」的冊封，不但是把日本定位成大明國的臣屬國，同時也否定了天皇的威信。

為什麼足利義滿不惜背負喪權辱國的罵名，也要捨虛名而求實利呢？

從平安時代中期開始，日本朝廷無法掌握賦稅制度與土地分配，導致國家土地私有化，亦即莊園受到貴族、武士的瓜分。為了另創財源，武士以武力保護禪宗寺廟的安全，禪宗寺廟則以會計能力、與中國禪寺的關係及人脈，從事海外貿易並分出利潤獻給武士。在武士跟禪宗寺廟的共生關係下，幕府在京都創立了京都五山十刹，昔日足利尊氏為了憑弔後醍醐天皇所創立的天龍寺，便是京都五山之一。

富可敵國的京都五山

京都五山的經濟影響力之大，稱得上是富可敵國。

京都五山運用貴族捐贈的莊園徵稅權與民眾捐獻的祠堂錢，在京都經營合法借貸事業。天龍寺一年能收到的稅收是皇室收入的兩倍以上。如果將五山十剎與旗下的寺廟統合起來，收入更是超過皇室的兩百倍。

此外，京都五山也在幕府

京都五山

京都五山是指京都五座最重要的佛教臨濟宗寺廟：天龍寺、相國寺、建仁寺、東福寺、萬壽寺。

鎌倉幕府末期，仿效南宋的臨濟宗五山，將鎌倉五座寺廟命名為「鎌倉五山」：建長寺、圓覺寺、壽福寺、淨智寺、淨妙寺。

鎌倉幕府滅亡後，後醍醐天皇推行建武新政，在京都另定京都五山。南北朝時期，京都五山是足利幕府極重要的支持力量。

的保護下經營海外貿易。在足利尊氏的時代，一艘受到寺廟委託的商船前往中國，回程在韓國新安郡外海沉沒。韓國政府打撈沉船，發現船上裝載的銅錢，竟然占了當時日本GDP總額的一〇至二〇%。

面對如此龐大的海外貿易利潤，足利義滿決定在外交上對大明國讓步，換取日本經濟流通所需要的銅錢。

靠著豐潤的資金，足利義滿打造京都著名的鹿苑寺金閣、支援藝術，並促成能樂的發展。

金閣寺因為三島由紀夫的小說而馳名海外，金碧輝煌的模樣被視為室町時代文化的象徵。乍看之下是和風建築的代表，其實內含三種不同族群的文化。金閣的第一層是貴族宅邸風格的「寢殿造」、第二層是武士宅邸風格的「書院造」，頂層則是禪寺風格的「究竟頂」。

有一說認為，金閣寺特異的構造，象徵足利義滿野心勃勃想要篡奪皇位的野心。

後小松天皇生母病危之際，足利義滿以天子守父母喪不吉為由，讓自己的妻子成為天皇的「准母」，讓四男義續享有親王的待遇。如

日本的建築樣式

寢殿造出現於平安時代，由於當時的日本受中國唐朝文化影響極深，流行於皇族與貴族間的住宅樣式以主人生活起居的寢殿為主體建築，家中其他成員或其他功能的房舍皆為獨棟，以回廊連為一體，故名為「寢殿造」。

室町時代的統治階級從貴族變成武士，武士住居也從寢殿造演變成以書院為核心的「書院造」。不同於寢殿造以廊相連的獨棟特徵，書院造則將待客空間、私人空間及傭人空間都整合在同一棟建築裡。現代和風住宅也深受書院造影響。

究竟頂也是源自中國唐朝的禪宗佛寺建築風格，設有寶塔狀的頂部與弧形窗，裝飾相當華美。

此一來，幕府將軍是自己的嫡子義持，四男又有皇位繼承權，日本可能就完全掌握在足利義滿的手上。

不過，一個月後，足利義滿就病死了，朝廷要追封他為「太上天皇」的稱號，義滿的嫡子堅決辭退。

究竟足利義滿是不是要把整個日本都納入手中呢？這個問題成為歷史學者爭辯不休的難題。

足利義政——不愛江山的文青

歷經足利尊氏的草創期、足利義滿的巔峰期之後，室町幕府的運勢蒙上一層由盛轉衰的暗雲。一個精於藝術卻不擅長政治鬥爭的文化人登上大位，導致室町幕府的衰敗與戰國群雄的崛起。這個人是室町幕府第八代將軍足利義政。

足利義政是足利義滿的孫子，他的父親足利義教想要打造專制政權，在壓制其他派系時遭到反撲而喪命，導致室町幕府的權力旁落到幕府重臣手中。

足利義政想要遠離派系鬥爭，膝下無子的他，命自己的弟弟還俗準備接班。沒想到天意弄人，這對兄弟接連生下接班人。

上自幕府將軍，下到重臣家族，這些在中央呼風喚雨的武士名門都陷入繼承權鬥爭的混亂情況中。他們為了壯大聲勢，號令日本全國各派系的將領帶著旗下軍隊進駐京都，在利益的驅使下分為東西兩軍，引發了影響京都歷史的應仁之亂。

京都有個老笑話，名門後代惋惜家傳的寶物毀於昔日的戰火，原來這場戰爭不是第二次世界大戰，而是發生在十五世紀的應仁之亂。

足利義政身為幕府的領袖，卻沒有調和鼎鼐、排解紛爭的能力。他把所有心力都用來建設自己隱居的東山山莊，其中的慈照寺觀音殿，就是世界遺產的銀閣寺。第一層是武家的書院造，第二層是禪宗的樓閣。

名為銀閣，卻不像祖父足利義滿興建的金閣寺那樣浮誇，而是以素雅的黑漆做為裝飾。寺內東求堂的同仁齋，是日本茶道的茶室建築的起源。捨棄浮誇的裝飾，僅以四疊半榻榻米大小的房間與賓客交流。

有傳言說，銀閣寺原本打算以銀箔裝飾，但因財政困難而打消念頭。這個說法被科學檢驗推翻了，建築物的結構沒有殘留銀箔的痕跡。而且從足利義政的個性與風格來看，施加黑漆的素雅樓閣，以及寺內以白砂鋪設的銀沙灘，這種優雅洗鍊的風格才是他的理想吧。

幕府的權勢在他的時代衰退，侘寂的美學卻在此時萌芽了。足利義政的功與過，又該如何判定呢？

日本茶道文化

——千利休的禮儀與美學——

日本在奈良時代、平安時代都曾派出遣唐使前往大唐帝國，學習許多典章制度。這也導致許多人誤解日本文化都是源自唐朝。其實許多日本傳統文化，是受到宋朝的影響更大。

傳自中國的茶文化

唐代的飲茶方式是煎煮茶，宋代則為點茶法。唐代的煎煮法是將茶餅輾成茶

皇帝的貢品

建盞是指建窯燒制的黑釉茶盞，以福建建陽水吉一帶含鐵量較高的黏土為胎底燒製而成。建盞始燒於五代末，初期以無斑紋、通體烏黑的「烏金釉盞」為主。北宋初年，由於建安被劃為貢茶產區，建窯出產的的「黑釉茶盞」成為進貢給皇帝的貢品。宋代流傳到日本後，被稱為「天目盞」。

末，等到鍋內的水燒滾了，先舀出一碗水靜置於身旁。將茶末放入鍋中攪動並放入少許鹽調味，待水滾之後再把先前靜置的水倒入鍋中，分入茶盞供賓客飲用。宋代的點茶法則是先在茶碗注入少量沸水與茶末調和成茶膏，之後一邊注入沸水一邊用茶匙拌勻。

宋代的文人雅士喜好鬥茶，不僅品評茶的香氣與滋味，連茶湯的顏色都有講究，在北宋徽宗的年代，茶湯面色以純白為上。為了讓茶湯的白色更醒目，愛茶者捨棄宋代流行的白瓷，採用福建出產的黑色建盞。

日本的茶湯文化，最早能追溯到八世紀奈良時代的遣唐使，當時茶餅被視為珍貴的藥材傳入日本，但是烹煮方式與近代的茶道截然不同，日本尚未發展培植茶樹的技術。日本茶道使用的點茶法與茶樹，是在十二世紀平安時代末期、武士政權鎌倉時代初期，隨著禪宗從中國流傳到日本。

茶有提神醒腦的效果，能夠幫助僧侶專心修行。日本僧侶榮西禪師著有《吃茶養生記》，將茶視為強身健體的藥品。根據鎌倉幕府編撰的史料《吾妻鏡》記載，當時的幕府將軍苦於宿醉，榮西禪師獻上茶湯來解酒，被視為日本點茶文化的濫觴。

飲茶文化透過禪宗的交流，從僧侶逐漸影響到武士階層，最終影響了日本民間。日本發展出「茶寄合」的遊戲，將四種不同類型的茶葉分十次飲用，猜測飲用的茶葉品種。中國歷經宋、元、明改朝換代，加上明代發展出炒茶的技術，從宋代流行的點茶轉移到現代的泡茶文化。

由「技」至「道」，賦予飲茶文化新內涵

單純以上述歷史來看，日本的飲茶文化似乎只是沿襲宋代流行的點茶技藝。為何日本的飲茶文化能冠上道字，成為日本傳統文化的精神呢？從「技」到「道」的轉變過程，形成了一種新的文化、新的精神內涵，成為世界文明的組成部分，成為人類文明的共同財富。

復旦大學徐靜波教授認為：「日本在中國文化的培育與催化之下，逐漸形成非常成熟的、具有日本民族特色的日本文化。如今日本文化在很多方面確實已經具有不同於中國文化的獨特因素，包括它的精神內核、價值判斷和審美理念。過多注目於中國文化的影響，而忽略日本文化本身的特點，也是有失公允。」

日本從點茶的技藝到茶道的轉折點，是室町時代的村田珠光提倡的「侘茶」。他曾經向一休禪師參禪，得到「佛法亦在茶湯之間」的感悟。

長久以來，茶是名流貴族的娛樂，茶器亦崇尚中國傳來的名貴器物。村田珠光提倡消弭和漢之分，不再獨尊唐物，也使

侘茶——由技至道的轉折點

室町時代，奈良的僧人村田珠光主張用心品茶，反對豪華奢侈的茶文化，並提出「謹、敬、清、寂」的「侘茶」內涵，認為應以樸素的日本茶器取代華麗的中國茶器。

村田珠光的傳人武野紹鷗也繼承了「侘茶」的精神，傳至千利休，更將此發揚光大，並把「謹、敬、清、寂」改為「和、敬、清、寂」，追求內心和平、恭敬優雅的方式，以及清靜自然的態度與悠然寂靜的境界。至此，日本茶藝發展為茶道，而擺脫唐代影響，成為日本的精緻茶道。千利休也被稱為日本「茶聖」。

用日本製作的茶器，將茶湯的文化傳入商賈階層。

大阪堺市的商人武野紹鷗繼承村田珠光的侘茶文化，納入禪宗「本來無一物」的精神，最終由武野紹鷗的弟子千利休集大成。

奠定茶道的重要後援——豐臣秀吉

千利休是十六世紀的商人子弟。當時朝廷與幕府將軍的威信一落千丈，導致日本進入群雄割據的戰國時代。他生

本能寺之變

本能寺之變是影響日本中近世史發展最關鍵的事件，也是日本史上公認最大的謎團。

當時，即將統一日本的戰國大名織田信長命重臣明智光秀一同前往中國支援羽柴（豐臣）秀吉，途中於京都本能寺突然遭到光秀叛變。信長寡不勝眾，最終於本能寺的烈焰中自殺，享年四十九歲。不久其

長於現今大阪的堺市，當時是擁有武裝力量的自由貿易城市。重視貿易的織田信長帶兵進入京都，擁護積弱不振的幕府將軍重建威信，同時跟堺市的商人保持良好關係。千利休成為織田信長的茶道指南役，指點織田信長茶道的技藝與精神。織田信長在本能寺之變殞命之後，其部下豐臣秀吉成為主掌日本的權力者，秀吉非常器重千利休，將茶道的文化做為政治密談的空間來使用。

千利休有豐臣秀吉做為後援，不僅奠定了茶道的文化，還有茶會的禮儀與茶室的規格擺設、茶器的審美觀。日

長子織田信忠也力戰而亡。不過，明智光秀也在十三日之後被趕來為信長父子報仇的秀吉所敗。

為主君報仇成功的秀吉隨後建立了豐臣政權，而日後創建德川幕府的德川家康也間接得到了獨立的機會。然而，當初光秀為何會叛變？又是如何不讓織田信長覺察？是否有共謀？直到兩百多年後的今日，人們依然百思不解。

本的茶室以四張半榻榻米為主流。入口僅有六十公分見方，稱為「躙口」，入室者必須彎腰屈膝進入，無論身分高低都不能佩帶刀劍入室，必須將佩刀掛在茶室外的刀掛，低下頭以人的身分進入茶道的世界。進入茶室之後，人人的地位平等，由主導茶會的亭主款待眾人。

有個小故事，表達了千利休的待客之道。某天秀吉聽說千利休的茶室外面牽牛花盛開，乘興而來的秀吉到了茶室外，卻沒有看到任何一朵牽牛花。既然來了不如就進入茶室喝一杯茶，秀吉彎下腰進入茶室後，赫然看到牆上裝飾著一朵盛開的牽牛花。多麼典雅又有禪味的故事啊。

一期一會，珍惜相聚的時光

茶道總給人拘謹的感覺，茶會的座位順序、茶點的吃法、飲用茶的禮儀都有講究。賓客對亭主準備的茶具、裝飾品也得有鑑賞力。在狹小的茶室裡，亭主與賓客必須放下世俗的階級，打開心胸對待彼此。一杯茶的時空之中，納入書法、繪畫、和歌、俳句、香道、骨董的美感，讓茶從「技藝」累積成為集大成的「道」。

其實，繁複的禮節，只是亭主為了不負一期一會的心意，為了給賓客最好的款待。千利休晚年的境界，呈現在草庵茶道，也就是擺脫規矩、忘掉技法、心中歸於無的境界。並且重視不造作的姿態。

千利休曾經教誨弟子茶道的七種基本態度，稱為「利休七則」：茶必須合口，添炭方式必須易於煮水，花朵必須帶有野趣，茶室必須冬暖夏涼，必須比約定時間更早備妥，不下雨也必須備傘，必須體貼同席者。

千利休的弟子聽了師父的教誨，認為這七件事平凡無奇。沒想到千利休竟然回答：「如果你能做好這些事情，那就讓我拜你為師吧。」

為了以一期一會之心款待賓客，除了賓客眼前能看到的細節，連賓客看不到的地方也要用心準備。台灣地區日本茶大使王文萱曾解說：點茶前，要在賓客面前將抹茶粉從名為「棗」的容器中取出。為了在看不到的細節也能下功夫，必須將抹茶粉先用篩子篩過，一勺一勺仔細地將抹茶粉裝進棗內，堆成像是抹茶山一樣的小丘形狀。如果沒有這些細心的步驟，客人看到棗裡面的茶粉凝結成塊，怎麼能夠舒服地飲用茶湯？燒炭煮水的爐也要依照季節更換，天寒地凍的十一月到隔年四月，使用砌在榻榻米底下的「爐」來燒炭，上面擺設鐵釜燒水。讓燒炭的熱氣溫暖室內的賓客。到了五月則改用架高的「風爐」燒炭煮水，讓熱空氣不要堆積在榻榻米之上。

因為珍惜相聚的時光，以一期一會的精神竭誠款待賓客。京都能夠成為旅人體驗日本文化的首選，千利休確實功不可沒。

京都發跡的製造業

——山內溥的任天堂王國——

古人經常說「玩物喪志」，但電子遊戲產業已經不是打發時間的娛樂，而是充滿商機與文化影響力的事業。

前日本總理安倍晉三先生，曾經使用任天堂旗下的招牌人物瑪利歐的形象，向世界各國宣傳東京奧運。可見任天堂的影響力有多大。

屹立於京都超過百年的遊戲製造商

任天堂的歷史可以追溯到一八八九年的花牌職人山內房治郎。日本的傳統花牌其實跟十六世紀的大航海時代有關，來自歐洲的葡萄牙商人將紙牌技術傳入日本，一方面成為民間賭博的賭具，一方面跟日本傳統的和歌融合在一起，產生了「百人一首」歌牌，以寓教於樂的方式傳承日本的傳統文化。

明治維新之後的日本，積極接受西洋文化。民間對於西洋娛樂的撲克牌趨之若鶩。任天堂第一代社長山內房治郎、第二代社長山內積良掌握社會脈動，成為花牌、歌牌、西洋撲克牌的主力製造商。

任天堂為何會跨足到電子娛樂產業呢？這就不得不提任天堂的中興之祖，第三代社長山內溥先生。

年僅二十二歲就接班家族企業的他，接手時還是就讀早稻田大學

花牌與歌牌

「歌留多（かるた）」一詞源於葡萄牙語「carta」，意思就是紙牌。其後衍生出多種產品，主要有賭博娛樂為主的「花牌」，以及結合和歌的「歌牌」。

花牌是十二個月份的花卉與四張對應牌，共計四十八張牌。玩家依照卡牌的組合計算得分。

「歌牌」是日本人在過年期間常玩的一種紙牌遊戲，主流是將《小倉百人一首》收錄的一百首和歌，分為記載和歌全部內容的詠唱牌，以及只有和歌下半部的奪取牌，共計兩百張牌。參加者聽到和歌時，需爭奪對應的奪取牌。《百人一首》原指鎌倉時代歌人藤原定家編撰的和歌集，又稱《小倉百人一首》。今日的「百人一首」則是指印有《百人一首》和歌的紙牌，或是用這種紙牌來玩耍的歌留多遊戲。

法律系的學生。年輕氣盛的山內溥，一反老社長實作苦幹的精神，他認為成事在天，將公司取名為「任天堂株式會社」。很快就跟公司的老員工爆發勞資糾紛，經歷了一段艱困的歲月。

山內溥具有洞燭機先的能力，得到迪士尼的授權製造迪士尼人物撲克牌，成為當時兒童夢寐以求的商品。

在一九六〇年代日本經濟起飛期，任天堂曾嘗試多角經營，開設計程車公司、旅宿等新企業，但是上天並不眷顧這些新發展。幸好山內溥具有識人的眼光，他將旗下員工橫井軍平設計的玩具「究極手」（Ultra Hand）量產並推廣到全日本，獲得極大的成功。這是一款用十字交叉組合而成的玩具，可以用前端夾取物品。筆者小時候也曾經在玩具店看到類似商品。

風靡全球的紅白機，遊戲產業的龍頭

時間來到一九八〇年代，任天堂開發了液晶螢幕的掌上遊戲機Game & Watch。據說橫井軍平搭乘新幹線時，看到上班族把玩計算機打發時間，起心動念想要開發能夠隨身攜帶的遊戲機，並且兼具時鐘與鬧鐘的功能。

這款能夠隨身攜帶的遊戲機，就像現代上班族搭車不離手的手機遊戲一樣熱銷，十一年間全球共計銷售四千三百四十萬台，讓任天堂擺脫了七十億的貸款壓力，額外累積了四十億的資金。

有了資金做為後援，促成了享譽世界的任天堂紅白機與瑪利歐兄弟的誕生。

任天堂在一九八三年，推出第一款家用遊戲機Family Computer，台灣的玩家稱為「任天堂紅白機」。由於Game & Watch熱銷，市面上出現非常多仿冒品。山內溥為了避免重蹈覆轍，決定控管成本、壓低利潤，打造價格平易近人、仿冒商無利可圖的家用遊戲機。

除此之外，美國因為太多粗製濫造的遊戲軟體打壞市場，嚴重折損消費者對於家用遊戲機的興趣，導致許多遊戲公司倒閉。山內溥汲取美國市場的教訓，一開始只搭配任天堂設計的遊戲軟體，後來開放認證的方式，控管遊戲軟體協力廠商製造的遊戲品質：協力廠商製造的遊戲不得違反善良風俗，一年之間只能銷售五款以下的遊戲軟體，且遊戲卡匣必須委託任天堂製造。

終於，在紅白機問世的兩年後，任天堂開發的超級瑪利歐兄弟遊戲一炮而紅，成為全球玩家無人不知無人不曉的明星。

任天堂以Game & Watch與任天堂紅白機，同時掌握掌上遊戲機與家用遊戲機兩大領域的龍頭寶座。

時間即將進入一九九〇年代，家用遊戲機領域進入競爭激烈的戰國時代。任天堂在紅白機之後推出後繼型家用遊戲機——超級任天堂，延續任天堂的品牌形象。但任天堂在家用遊戲機領域的兩台後續機種接連吞敗，拱手交出家用遊戲機的龍頭近十年。

所謂「失之東隅，收之桑榆」，雖然家用遊戲機的影響力消退，但是上天並未捨棄任天堂，任天堂在一九八九年活用當年Game & Watch的成功經驗，開發可替換遊戲卡匣的攜帶型遊戲機Game Boy。

山內溥為了讓市場最大化，強烈要求遊戲機的售價必須壓低在一萬日圓，並且嚴格控管品質，即使摔落地面也不能故障。

Game Boy發售之後，山內溥曾表示：「在遊戲畫面追求色彩的年代，任天堂反其道而行，製作灰階畫面的遊戲機。許多人認為這款遊戲主機應該會滯銷。但是Game Boy這台遊戲機的賣點，就是在哪裡都能玩。無論是搭車或是搭飛機，就算是去海邊、去登山都能玩。況且灰階的液晶螢幕，電耗消費不到彩色液晶螢幕的十分之一，只需要乾電池就夠用。」

任天堂得到俄羅斯方塊的遊戲授權，為Game Boy拿下市場的第一勝，隨後再以任天堂自家打造的熱門遊戲「神奇寶貝」系列，坐穩掌上型遊樂器的王座。

為企業的下一個百年，傳賢不傳子

二〇〇二年，擔任任天堂社長五十二年的山內溥退休。將社長的職位交給兩年前才正式進入任天堂，年僅四十二歲的岩田聰。

山內溥為什麼會如此看重岩田聰這個外來人物呢？

程式設計師出身的岩田聰原本任職於任天堂的軟體協力廠商，他一肩扛起瀕臨破產的軟體公司，打造了數款熱門遊戲軟體，成功還清該公司積欠的十五億日圓債務。山內溥願意將三代創下的基業，交棒給兼具創意與經營頭腦的年輕人才，十分難得。

山內溥曾經說過：「任天堂為什麼會從花牌與撲克牌製造商轉型？因為這些傳統的娛樂已經不能滿足現代人的需求。時代在改變，任天堂也不得不轉型謀生。隨後公司經過了許多磨練跟苦難，經過不斷嘗試錯誤與修正改進，靠著上天的眷顧才能走到這一步。」「娛樂並非生活必需品，就算沒有娛樂也不會影響生活。必須做出讓人覺得驚奇的東西，才能得到顧客的青睞。」

綜觀山內溥繼承家業的改革，他歷經日本一九六〇年代經濟起飛期，曾經嘗試跨領域經營，卻慘遭滑鐵盧。在一九八〇年代回歸娛樂事業的初心，搭上經濟成長的趨勢才建立起電子娛樂王國。從此他專心一志發展娛樂產業，不跨足任何其他領域。他常說成事在天，必須打造驚奇的東西才能成功，但這都得建立在穩定的財務基礎上。

他交棒給岩田聰時，任天堂固定維持一兆日圓的現金，讓任天堂能夠安心打造令人驚奇的新娛樂。即使無法得到上天的眷顧，仍有足夠的家底能度過難關。

山內溥交棒給岩田聰的兩年後，任天堂推出了新一代的掌上型遊戲機Nintendo DS，隨後乘勝追擊推出轟動全球的家用遊戲主機Wii，掀起體感遊戲的熱潮。後續的家用主機WiiU無法延續熱潮，許多以獲利為導向的分析師建議任天堂應該順應手機遊戲的潮流，把任天堂的人氣IP瑪利歐兄弟、神奇寶貝釋出，但是擁有雄厚家底的任天堂，仍然堅持山內溥社長留下的嘗試錯誤與修正的精神，不輕易投入不同領域。終於，二〇一七年再次推出影響世界的遊戲機Switch，能當作掌上型遊戲機隨身攜帶，又能接上電視做為家用遊戲主機與家人朋友共樂。

即使硬體效能與畫質比不上其他家用遊戲機，但是屢次以全新的創意開發出讓人驚訝無比的遊戲，任天堂這種堅持不懈的精神，持續影響著整個遊戲業界。

任天堂能從京都的小工廠，搖身一變成為影響世界電子娛樂趨勢的領航者。他們成功的基因，也許就是內建在京都人既保守又開放、看似拘謹又充滿玩心的個性上吧。

懷石料理

——令人眷戀難忘的美味——

聯合國教科文組織在二〇一三年正式將「和食，日本人的傳統飲食文化」納入世界非物質文化遺產。這裡所指的和食，不包括觀光客耳熟能詳的拉麵、炸豬排飯、牛丼飯，即使這些料理已經成為日本飲食文化的一部分，但這是受到東西文化交流影響的產物，而非日本傳統的飲食文化。

關於世界非物質文化遺產所指的和食，主要有四大特徵：運用豐富的新鮮食材保留食材的原味，營養均衡且有益健康，展現自然之美與季節的變化，與傳統節慶關係密切。因此和食珍惜使用當地的食材，講求「奔波、當季、留戀」，不惜勞苦奔波，尋找當季美味新鮮的食材製作料理，品嘗後仍然眷戀不忘，期待明年此時也能回味。日本人在用餐完畢之後會說「ご馳走様」，語源就是感謝料理人為了張羅食材而勞苦奔波。

與時相符的風雅

日本傳統的飲食文化，以「一汁三菜」為主。米飯搭配味噌湯、一道主菜、兩道配菜。平安時代，風雅的貴族不吃獸肉，蛋白質的來源大多以魚肉與禽肉為主，飲食也要講究符合季節的風雅文化。同樣一道食材，在春季刻成櫻花的形狀，秋天則改為楓葉。冬天要烹煮得濃郁，夏天則講求清爽口感。甜點以花為名，春天稱為「牡丹餅」，秋天稱為「荻餅」。夏冬兩季更講詩意，因為搗餅的日文發音（搗く）與船舶靠港（着く）相同，夏天為了不驚擾鄰人輕聲搗餅，猶如船隻無聲入港，所以雅稱為「夜船」。冬天則雅稱為「北窗」，因為面北的窗戶看不到月亮，發音接近「不搗餅」。

平安時代講求風雅符合時宜的飲食文化，結合鎌倉時代禪僧不食葷酒的精進料理文化。終於在千利休的時代，創造出符合茶會的懷石料理，可以稱得上是傳統和食的代表。不過，懷石料理與會席料理，因為日語的發音相同，經常被外國人混淆。

懷石料理是伴隨茶道文化而生，保留傳統「一汁三菜」的飲食傳統。會席料理則可以追溯到武士的宴席，講求料理種類繁複，在江戶時代中期隨著民間百姓逐漸富裕，民間仿效昔日武士的奢華飲食而準備的宴席用料理。菜餚的數量沒有限制，大多採用有吉祥含意的陽數，也就是奇數。為了讓賓客能夠大快朵頤各式料理，會席料理在最後才會提供白飯。

講究細節的真味

接下來讓我們把焦點回到茶會的懷石料理。所謂的懷石，原本是指僧侶將烤暖的石頭抱在懷中，藉此減輕飢餓的行為。

精進料理

懷石料理的名稱來自於僧侶懷抱暖石忍飢的修行文化，卻並非專屬僧侶的料理。真正起源於修行僧人日常飲食的料理，叫做「精進料理」。

基於佛教不殺生的戒律，僧侶日常飲食禁止使用肉類等動物性食材，只使用穀物、豆類、蔬果等植物性食材。熬煮高湯只使用昆布或乾香菇，調味也只使用味噌、醬油等豆類加工品。因此，精進料理相當於素食料理。

起初只是非常平淡的粗食，為了增添食物滋味，烹調的手法愈來愈精緻，如今已成為法會上常見的料理。在京都，寺廟附近通常會有幾家觀光客也能輕鬆進入用餐的精進料理。

茶道吸收這項文化，為避免空腹飲茶，故而在茶會之前先提供典雅的輕食讓賓客稍微填一下肚子。

千利休非常重視款待之道，對於懷石料理也不馬虎。料理的內容雖然簡單，以一汁三菜搭配白飯、醬菜，食材卻必須合乎季節，且同一道食材不能使用在不同料理上。在客人用完一道菜之後，再端上溫度適中的料理。為了不讓賓客的味覺受干擾，影響餐後的茶會，調味必須清淡，提供料理的順序與時間也有講究。

以正午的懷石料理為例，亭主親自端出名為「折敷」的膳盤，上面盛放飯、湯，以及名為「向付」的配菜。為了方便賓客享用，必須把飯碗放在賓客的左手邊、湯碗放在右手邊，向付則放在膳盤外側，呈現三角形的均衡模樣。

待賓客享用之後，接著是主菜的「煮物」，以附蓋的椀盛裝清澈湯汁與名為「真薯」的糰子，加上當季蔬菜做點綴。

真薯是將魚肉搗碎，拌上山藥、蛋白、高湯揉捏成形再蒸過的食物。看似平凡的一道料理，蘊含著四季的變化。春季的真薯加入蝦肉來呈現櫻花的顏色，搭配當季的山菜做點綴。夏季的真薯以口感清爽的豆子，搭配象徵楓葉尚青的青楓麩。秋天的真薯加入銀杏果，以秋天的菇茸做點綴。冬天的真薯則佐以味道濃郁的干貝或蟹肉，搭配當季的蘿蔔。

懷石最後的主菜是「燒物」，選用當季的烤魚。懷石料理講求不留剩菜，以不提供客人吃不完的料理為原則，烤魚要先去除魚骨跟厚皮，切成恰好一人份的尺寸，再依照魚肉的部分調節火力烘烤。

隱藏在食物原味裡的詩意

以向付、煮物、烤物搭配白飯與味噌湯，是千利休理想中懷石料理基礎的一汁三菜，稱為「茶懷石」。到了江戶時代，酒水取代茶成為宴會的主軸，為了追求賓主盡歡，除了一汁三菜，還會準備酒水與下酒的料理。

首先是名為「強肴」或「預鉢」的下酒菜，菜色大都是醃製魚、蝦、貝類的鹽辛料理。接下來稍做休息，上一道名為「箸洗」的清澈湯汁，因為分量只有一兩口，又稱為「小吸物」。比起湯汁的滋味，更講求嗅覺的香氣。雖然名為箸洗，千萬不能真的拿這個湯汁來清潔筷子，那就成了不識情趣之人了。

接下來是名為「八寸」的正方形膳盤，每一邊的長度八寸（約二十四公分）而得名。上面擺飾山珍搭配海味的組合做為下酒菜。使用當季的食材並講求顏色、口感、味道搭配。此時亭主會跟賓客一起同席，向賓客勸酒來表達款待之意。享用完料理之後，以「湯桶」與「香物」做為收尾，香物是醃製過的京野菜，湯桶則是用將飯鍋底部的鍋粑放入熱水，引出鍋粑本身的香氣。同時也是象徵不浪費食材的心意。最後的甜點則是符合季節的和果子。

台灣人常說「吃巧不吃飽」，講求料理的色香味俱全，食材鮮豔的顏色讓人一看就食指大動。懷石料理則是以反璞歸真的方式，將歌詠風鳥花月的詩意隱藏在食物的原味裡。

藝舞伎文化

——花見小路的光與影——

十七世紀前葉，江戶時代初期，在京都八坂神社附近形成茶屋街，為前往神社寺廟的參拜者提供簡單的茶水與糰子。後來衍生出提供酒水與料理的服務，參考當時流行的歌舞伎文化，以三味線與舞踊助興。

在茶屋為客人斟茶的茶立女，表演三味線與舞踊的藝者，被視為舞伎與藝伎的起源。不可諱言，藝伎與歌舞伎在創始期多少會涉及到男女關係。隨著江戶時代經濟與文化發展，藝伎奠定了賣藝不賣身、單純以傳統技藝自立的地位。

目前京都還保有五花街，分別是祇園甲部、宮川町、先斗町、上七軒、祇園東。祇園甲部的前身是江戶時代的茶屋街，觀光客熟知的花見小路就位於此地。

花街文化由茶屋、仕出屋、置屋所構成。茶屋提供場地與酒水，讓賓客設宴並提供藝伎表演的舞台。仕出屋提供料理，在最適當的時機端給客人享用。置屋又稱為屋形，是提供舞伎、藝伎的設施。

舞伎稱置屋的女將為媽媽、前輩為姊姊，像一家人那樣在置屋展開新人生。

舞伎與藝伎

舞伎與藝伎有什麼差別呢？簡單來說，舞伎是以舞踊表演為主的少女，是未來成為藝伎的預備軍。藝伎則是在宴席間以舞踊、三味線等傳統技藝接待賓客，炒熱現場氣氛讓賓主盡歡。除了傳統技能，必須涉獵文化教養，並維持優雅得體的應對進退。

在現行法規的保護下，立志成為藝伎的少女必須先完成義務教育，並有監護人的許可才能提出申請。少女在置屋體驗一週的生活，實際確認自己是否能夠適應傳統花街的文化，同時接受置屋的考核。合格之後正式住進置屋，以訓練生（仕込み）的身分在置屋處理大小雜務，舉凡清潔打掃、洗衣晾衣，學習京都腔與花街用語、協助舞伎更衣梳妝，都是分內工作。還得隨行陪送舞伎前往茶屋的宴席，為姊姊掀暖簾、打傘提籃。大約經過將近一年的訓練，如果得到舞踊的老師與置屋女將的認同，才能準備正式踏入舞伎的世界。

舞伎的世界類似學姊學妹制，在置屋女將的安排下，由資深的藝伎與年輕舞伎締結姊妹關係，並在眾人的見證下舉辦類似傳統婚禮交杯的儀式，稱為姊妹杯。姊姊將自己藝名其中一個字送給妹妹，往後姊姊悉心照料妹妹，妹妹則誠心誠意服侍姊姊。正式成為舞伎之前，以「見習」的身分跟隨姊姊到宴席累積經驗。

經歷一個月的見習生活，才會正式舉行「店出」（店出し），正式出道成為舞伎。換上名為「黑紋付」的黑色正式和服，連續三天由姊姊帶著拜訪各個茶屋結交人脈。成為舞伎之後的生活更加忙碌，除了在宴席表演舞踊，還得持續進修舞踊、三味線、笛、太鼓、小鼓、謠曲、茶道的稽古。

長期喜愛並支持藝舞伎文化的熟客稱為「贔屓」，他們會帶著相機為剛出道的舞伎攝影留下紀錄。順道一提，藝舞伎在八月一日的「八朔」也會換上黑紋付，一同拜訪茶屋與傳統技藝的老師，表達感謝之意。

舞伎經歷五至六年的歷練，隨著年紀增長，必須重新思考自己的未來。要離開花街，或是繼續朝藝舞伎界發展？

下定決心成為藝伎的藝者，將衣衿從舞伎的紅色換成白色，這個儀式稱為「衿替」。成為藝伎之後會搬出置屋，不再像舞伎時代靠著

稽古

修習日本傳統技能與武術，通常使用「稽古」一詞，而非練習、學習。

稽古注重師承與傳統技能的存續，學生不能任意變更老師，甚至在未經師門的同意下跳槽到其他流派學習。

日本茶大使王文萱小姐曾訪談能樂師片山伸吾先生，提到日本的稽古不只是重複練習技藝，更重視精神層面的修行。包含老師與同儕的交流互動、禮儀做法、歷史文化，將前人傳下的技藝珍而重之地傳承到後世。

置屋協助介紹工作，而是以自己的技能獨當一面。

藝伎分為「立方」與「地方」兩大類。立方是專精舞踊的藝者，以舞姿與優雅的談吐在宴席為賓客助興。地方則是專精傳統樂器的藝者，她們臉上不抹脂粉，也不結華麗的髮髻，專心一致以音樂協助立方帶動氣氛。

雖然演奏音樂的地方沒那麼顯眼，其實有不少專精舞踊的立方轉型為地方，非常熟悉如何以音樂輔助舞踊，成為年輕藝伎能夠安心表演的堅強後盾。

藝舞伎生活的光與影

舞伎一般在早上八點到十點之間起床，用完早餐後前往歌舞練場練習舞踊，大約在下午四點到六點間有兩小時的自由時間稍事休息與換裝。隨後前往茶屋的「御座敷」（也就是宴席）款待客人。

宴席的時間分為前、後半場。因為法規限制，未成年的舞伎只能工作到十點，成年的藝伎工作時間甚至到半夜。舞伎在晚上十點之後吃晚餐、沐浴，大約在半夜到凌晨一點左右入寢。

舞伎食衣住行與學習傳統技藝的費用，都是由置屋負責支付，所以沒有薪水，每個月會收到適度的零用錢。

舞伎大多是十五至二十歲的少女，藝伎多為二十歲以上的成年女性。因此兩者的服裝風格不同，舞伎的裝扮以甜美可愛與華麗為主，藝伎則以典雅為訴求。舞伎必須留長髮，以自己的頭髮綁成髮髻，藝伎則是頭戴假髮。舞伎的穿著是名為「裾引」的長版振袖，搭配比一般和服腰帶長一點五倍的垂帶。

年輕舞伎的髮髻是適合少女的「桃割」，這是將前額的頭髮往後腦固定，兩鬢的頭髮順勢綁成兩個環狀，以粉色系鹿子紋材質髮帶固定的髮型，從正面看就像是桃子而得名。兩側插上裝飾垂花飾品的花髮簪。

京都非常注重季節感，舞伎使用的花髮簪也依月份而有不同。一月為松竹梅與稻穗，二月為梅花，三月為油菜花，四月為櫻花，五月為菖蒲或紫藤花，六月為柳葉或紫陽花，七月配合祇園祭使用團扇造型的髮簪，八月為荻花，九月為桔梗，十月為菊花，十一月為紅葉，十二月為迎接正月裝飾的餅花。

隨著資歷漸深，舞伎會改梳穩重的「赤鹿子」髮型，固定髮髻的髮帶綁在比較不顯眼的髮髻下方，花髮簪也不再像年輕舞伎使用流蘇型長墜飾，而是改用更為典雅而樸素的髮簪。

京都的花街以置屋為中心，採取擬似家族的形式，由女將擔任媽媽、前輩舞伎為姊姊，帶領年輕女孩進入藝舞伎的世界，代代傳承日本的傳統藝能。

隨著社會進步與勞動意識高漲，相對封閉的花街產業不禁讓人擔心是否藏汙納垢。

二〇二二年六月，曾在京都花街先斗町任職的前任舞伎，發文揭發花街界仍有強迫未成年舞伎飲酒的陋習，並違反晚上十點之後不得工作的法規，甚至涉及性騷擾問題。

雖然京都傳統伎藝振興集團駁斥為不實的謠言，但這位前舞伎的文章已引起社會大眾關注。日本厚生勞動大臣後藤茂之，在推特引起爭議的兩天後舉辦記者會，呼籲藝舞伎必須遵守法律。

藝舞伎文化以江戶時代為開端，發展出賣藝不賣身的文化。而今竟然重新捲入違反法律的爭議，實在令人感到惋惜。

幕末動盪時代的英雄坂本龍馬曾說「想趁現在重新清洗日本」，希望花街藝舞伎的款待文化與傳統技能，能夠跨越爭議，打造更良好的環境。

京町家

——日式建築之美——

京都的町家建築保留古色古香的氣氛，除了歷史悠久的傳統老鋪，也經常改裝成餐廳、咖啡廳、民宿，由於能夠體驗京都風情，受到世界各國旅客的歡迎。所謂的「京町家」是指居住在京都的町眾，也就是商人經商與居住的空間。

旅客不遠千里來到京都，不妨放下手機的網路地圖。試著以京都人的視角來尋找京町家吧。

掌握要訣，輕鬆看懂京都地址

昔日的平安京仿照中國的長安，打造棋盤式城市規畫。因此京都採用獨特的地址標示方法，以縱向與橫向道路交會的十字路口為基準點標示地址。如果建築物面對南北向的道路，則加上「上行」、「下行」的說明。如果是面對東西向的道路，則加上「東入」、「西入」的說明。這種標示法不只外國的旅客，有時連日本人都搞不清楚。但如果掌握基本原則，就能快速理解。

平安京的皇宮位在北側，所以「上行」是往北、「下行」是往南。「東入」與「西入」則是標示往東或是往西。並藉此標注建築物面向南北向或是東西向的道路。

舉例來說，晴明神社的地址是「上京區堀川通一條上行晴明町」，建築物面對的主要道路會加上「通」，附近次要道路則省略「通」字。京都人一看就知道晴明神社位在堀川通與一條通的十字路口北側的晴明町，神社面對的是南北向的堀川通。

從晴明神社步行約十分鐘，有一間台灣部落客譽為京都第一好吃的親子丼餐廳鳥岩樓，地址是「上京區五辻通智慧光院西入五辻町」。表示餐廳位在五辻通與智慧光院通的十字路口西側，餐廳面對東西向的五辻通。

老京都人藉由兩首童謠背誦道路的名稱與順序。東西向道路的童謠稱為「丸竹夷」，南北向道路的童謠則稱為「寺御幸」。如果連這些童謠都會唱的話，還能立刻判斷想去的地方距離幾條街、走過去要花多少時間。

《丸竹夷》

動畫《名偵探柯南·迷宮的十字路》片中有個唱童謠玩皮球的小女孩，口中唱的就是《丸竹夷》。

歌詞以京都御所南側的道路丸太町通開始，所以不包含一條通。第一句「丸竹夷二押御池」依序為丸太町通、竹屋町通、夷川通、二条通、押小路通、御池通。第二句「姉三六角蛸錦」則是姉小路通、三條通、六角通、蛸藥師通、錦小路通。第三句「四綾佛高松萬五條」是四條通、綾小路通、佛光寺通、高辻通、松園通、萬壽寺通、五條通。

下半段歌詞描寫五條通以南到十條通的路名，隨著近代都市發展，產生好幾種不同版本的歌詞。

將土地利用到極致的都市規畫

對於京都的都市設計有基本概念之後，漫步在京都街頭會產生第二個疑問：為什麼許多京町家咖啡店，竟然位在僅容一人穿越，兩人得側身而過的小巷深處呢？

因為豐臣秀吉統

一天下之後，對京都的棋盤式都市規畫進行了第二次改造。原本平安京的棋盤式都市規畫，只有鄰近道路的土地能夠利用，留下許多閒置土地。

豐臣秀吉下令要求寺廟以及擁有大片土地的豪商與貴族搬遷，將散落京都境內的小寺廟集中搬遷到鴨川西側的道路旁，這條道路便稱為「寺町通」。為了活化閒置的土地，豐臣秀吉在京都新增許多較窄的小路，將原本棋盤狀的土地進一步切割成細長型的短冊狀規畫。這些小路與民眾增設的窄巷稱為「路地」，許多京都的京町家咖啡店就藏身在路地裡。

奉命搬遷的本地商家，原本店鋪門口的寬度有多少，就給予相同寬度的長條形土地。如果是從外地搬遷進來的商家，則給予寬度約六公尺的長條形土地，甚至有寬約六公尺、深約二十八公尺的土地可以使用。

因為豐臣秀吉採用細長型的都市規畫，命令鄰近道路的商家必須蓋兩層樓的房舍。因此京町家的構造通常是窄而深，被戲稱是鰻魚睡覺的鰻寢床。

攤開京町家的平面圖，能夠清楚看到從大門往深處延伸，依序為店鋪區域的「見世」；區隔商用與居家領域的「台所之間」，通常設置廚房與通往二樓的樓梯，利用樓梯下方的空間製作收納抽屜；緊接著是用來接待貴賓的「奧之間」，最深處的區域則設置小而雅致的庭園「坪庭」強化採光。在房屋左側有一條細長的通道「通庭」連接這些隔間，為了通風與採光通常採取挑高設計，中央設置爐灶與水井。

打造美好環境，需要官民同心

到了德川家康的江戶時代，家康要求町家的建築必須簡樸，限制建築物只能高兩層樓，不得裝飾金銀等引人注目的裝飾品，形成現在京都整齊劃一的京町家街道。

現在京都常見的町家，二樓的外牆通常會塗上防火功能的灰泥，京都市中心的町家喜好使用沉穩的青綠色，如果是鴨川附近的料亭或是茶屋等娛樂場所，則喜好用暗紅色。因為江戶幕府禁止二樓開大窗，只留下細長的窗格維持二樓的採光跟通風，也能阻擋行人的視線。細長的窗格看起來很像飼養蟋蟀的籠子，因此稱為「蟲籠窗」。二樓的屋瓦下面，經常裝飾著瓦製的鍾馗像來辟邪。因為町家採用木造建築結構，為了避免火災延燒，町家之間常設置略高於屋頂的小矮牆，並在頂部裝設屋瓦。

一樓的店面入口掛上長條的暖簾，印著商號來招攬客人。入門的屋梁掛著避邪用的祇園祭粽子。窗外設置以角材構成的格子窗，店主可以觀察外面行人，行人卻沒辦法窺探店內。依照販賣的商品不同，格子窗的設計亦有差異。

販賣和服與布料的服飾業，使用上層格子較大便於採光、中下層格子較密以確保隱私的糸屋格子。豆腐店、蒟蒻店，則使用底層採用整塊木板、中上層格子窗的麩屋格子。米店採用以寬木條組成的米屋格子，就算搬貨也不怕撞壞格子窗。

牆腳設置用竹片彎曲呈扇形的「犬矢來」，避免貓狗便溺腐蝕屋柱，或是手推車或馬車經過時，路上的汙泥噴到牆腳地基。在屋前則有寬約四十五公分的雨溝。

國人到京都旅行時，經常在花見小路、二年坂、三年坂的京町家駐足攝影，或是在八月一日的八朔日至祇園新橋的茶屋拍攝藝舞伎。

京都要維持這種古色古香的環境，背後需要法規與商家、居民的配合。京都在二〇〇七年推行《京都府景觀條例》，被稱為是全國最嚴格的景觀條例。

在「建築物是個人財產，但整體景觀是公共財產」的宗旨之下，商家不能隨意設置廣告看板，建築物的高度、面積、位置依照所在區域有不同限制，建築物的色調與設計須融合公共景觀。無論是本地企業的松本清藥妝、跨國企業的麥當勞、星巴克，到了京都市都得捨棄鮮豔的標準色，改用符合法規的顏色。

在羨慕其他國家的時候，我們是不是也能改變自身對於建築與景觀維護的觀念呢？

「日本天龍人」的個性

——自掃門前雪的正當理由——

如果問台灣人想去日本哪裡觀光，京都總是位居前三名。若問日本人：「最讓人感到親切的是哪個縣？」京都也時常位居第一。但如果問那些出身外地、因為工作調職而住過京都的人，他們通常都會說住在京都壓力很大。表面印象與實際情況落差極大，也是京都的特色之一。

弦外之音很重要，客套話別當真

認為京都人難相處的人，經常拿章魚跟冰箱來比喻京都人。認為京都人跟章魚一樣，表現上看起來潔白透亮。但是一不留神就會被噴得一身黑墨。或是像冰箱一樣，面對面的時候覺得清涼舒適，轉過身就會覺得背脊一陣發寒。

京都人對於人際往來的分寸與禮節非常講究，彼此都有默契保持友善距離。但是不懂規矩的外地人，自然就覺得壓力山大。

為什麼外人住在京都會備感壓力呢？不外乎是千年古都京都人的自豪感，以及外人難以理解、京都人卻視為理所當然的規矩。還有那溫和優美言詞背後的壞心眼。

最經典的例子，就是京都的茶泡飯。前往京都人的住家拜訪時，如果主人親切詢問「要不要吃個茶泡飯」，就表示主人在暗示聊天聊得忘記時間的客人差不多該回家了。如果訪客聽不懂弦外之音，竟然把客套話當真，就會被視為不懂禮貌的人。

另外京都還有自掃門前雪的習慣，每天必定將自家門前打掃乾淨，但不願意順手幫鄰家清掃，也常被視為京都人難相處的範例。

全日本公認的天龍人

台灣人總愛戲稱台北人是「天龍人」，而在日本，京都人才是大家公認的天龍人。

在京都人心裡，京都才是真正的天子腳下，京都以外的地方統統都是「鄉下」。甚至，世世代代居住於洛中的人才能算是真正的京都人，洛外對他們來說也是「鄉下」。

因此，老一輩的京都人至今仍認為，京都才是天皇真正的家，東京不過是個行宮。他們很希望天皇早日回到京都這座真正的皇宮來，別老待在「行幸所」。

公私要分明，真心話別輕探

但是京都人真的難相處嗎？

也許是因為京都人注重人與人之間的距離、看重個人應盡的義務與責任，以及對於用字遣詞與禮儀的講究，才會造成截然不同的評價。京都傳統的款待之道，是在旅人還沒提出需求之前，就能提供恰到好處的服務，並且不會讓旅人覺得有壓力。

這種優雅與舒適的款待文化，前提是確保每個人擁有自己專屬的私領域，在公領域才能互相禮讓。

相較之下，東京的老江戶人則是居住在長屋，輕敲隔板就能跟鄰居互通有無聊八卦，自然會覺得京都人顯得疏離又冷漠。

對京都人來說，所有人際關係都應該要相敬如賓，即使對鄰居說話的用字遣詞也不能輕忽。傳達任何事情，都得峰迴路轉繞圈子。熟悉這種語言文化的京都人，自然能夠察覺到話中的弦外之音。講話大剌剌的人，難免會被認為是粗魯沒教養的鄉下人。

對京都人來說，語言是讓彼此都能維持體面並優雅對話的社交工具，如果要探究對方的真心話，就像是踏入私領域一樣麻煩。

各人掃好門前雪，他人瓦上不復霜

因為尊重彼此的私領域，只維持公領域的交流。即使社會上確實有階級與貧富的差異，但只要在京都這座城市，用字遣詞就不能有階級之分。

加上每個人都有義務管好自己，所以京都人不隨便向他人開口求助或是討人情，也把這一套標準套用在其他人身上。自掃門前雪是盡好自己的本分。莫管他人瓦上霜，則是相信鄰人也能盡好責任，無須多管閒事給對方施加壓力，也不讓鄰人養成偷懶的習慣。

老京都人代代生活在京都，在王朝貴族文化與町眾文化的洗禮之下，培養出與生俱來的美感與三分傲氣。能夠世居在千年古都的家族，彼此之間磨練出恰到好處的距離感，維持鄰里之間互不干擾又能運作的和諧。也許可以說是冷漠，反過來說也是督促彼此都能自律，維持公領域順利運作的訣竅。

每次碰到梯間堆放雜物，或是在騎樓隨意停車妨礙行人通行，都會讓我想起留學京都時代的經驗。有一次我把資源回收的袋子放在陽台上，隔天房東微笑提醒我：「陽台有點熱鬧喔。」比起大聲斥責留學生不懂規矩，或是背後指指點點，房東藉由這種方式提醒我自律的重要性，同時也給我台階下。年長者願意顧及晚輩的感受，以婉轉的方式提醒身為外國人的我必須入境隨俗，融入京都人的生活價值觀。

不只是住在京都，而是活在京都，我想這就是京都人優雅的待人之道。

京都大學

——諾貝爾獎的搖籃——

京都人對大學生特別寬容，即使是白髮蒼蒼的老婆婆，也會對大學生客客氣氣地稱呼一聲「學生桑」。固然這是受到京都人的文化影響，對任何人都要以禮相待，另一方面也是因為京都看似保守，卻具有很強的包容性。

孕育科學家的文化之城

做為一座文化的城市，日本最早的小學、中學都是設立在這裡。

一八八六年，日本政府頒布《帝國大學令》，在各地設置了帝國大學，其中以東京帝國大學、京都帝國大學為翹楚。這兩所大學在戰後改名為東京大學、京都大學，其他的帝國大學則是現在的北海道大學、東北大學、名古屋大學、大阪大學、九州大學。

東京大學與京都大學的風氣截然不同。東京大學培養許多國家菁英官僚、政治家，成為政府的骨幹。京都大學則是強調「自由的學風」，埋首研究學問，在物理學、化學、醫學領域獲得數次諾貝爾獎，被日本人譽為諾貝爾獎的搖籃。

一九二六年，湯川秀樹與朝永振一郎進入京都帝大的物理學系研究量子力學。湯川畢業之後任教於當時的京都帝大與大阪帝大，與許多新銳物理學研究者交流，接連發表論文。他在一九四九年獲得諾貝爾物理學獎，成為日本第一位諾貝爾獎得主。當時日本正值二戰之後的重建期，在民生經濟匱乏的年代，大大激勵了日本人民。同窗的朝永振一郎則往東京發展，在湯川獲獎的十六年後成為日本第二位諾貝爾獎得主。二〇一四年則有同樣畢業於京都大學的赤崎勇拿下第三個諾貝爾物理獎。

除了物理學，京大在化學、醫學領域也有獨到之處。化學領域前後產生了福井謙一、野依良治、吉野彰這三位諾貝爾化學獎得主。醫學領域也有三位諾貝爾獎得主，利根川進、本庶佑是京大畢業生，研究 iPS 細胞的山中伸彌則是京大的教授。

自由學風與學運精神的傳承

京大的師生素質如何呢？早期因為經濟的關係，關東地區的學生大多選擇東京大學，關西地區的學生則選擇京都大學，整體來說不分軒輊。如果細看科系的話，東京大學各科系的入學分數門檻都很高。京都大學則是理工學科的門檻很高，文科的門檻則稍低一些。

但是現代隨著經濟發展，家長更有財力資助兒女去東京念書，期待畢業後能有更好的發展，導致東大與京大的差距稍微拉開了一些。其他名門大學則急起直追，學生素質逐漸追上第二名的京大。特別是名門大學的醫學系，入學分數甚至不輸給東大跟京大的一般學系。

京大的學生素來以特立獨行著稱。最有名的事情就是京大的變裝畢業典禮。

一般的大學畢業典禮，學生大多穿著西裝或是和服上台領取畢業證書。但是京大有很多學生卻特意打扮成漫畫人物、政治人物，或是以當年流行的話題來發揮創意。二〇二三年，京大的畢業典禮有學生扮演烏克蘭總理澤倫斯基，受到媒體的注目。

畢業典禮是學生離開校園，準備進入社會的重要階段，為什麼京

名副其實的大學城

根據日本「文部科學省學校基本調查」，京都的四年制大學生人口比例，居全日本第一。在京都，平均每一百人當中，約有六人是大學生。

除了校風自由的諾貝爾獎得主搖籃——京都大學，同志社大學、立命館大學也是日本著名的私立名校。

京都大學不只培育了許多優秀的科學家，在文學部也發展出了所謂的「京都學派」，享有盛名。日本學術界向來有「西高東低」的說法，認為東大以培養高級文官人才為目的，而京大學風自由、較具批判色彩，才是真正能從事獨立學術研究的地方。

大的學生這麼自由奔放呢？創校以來的自由學風固然是主因，但其背後也同時隱藏著日本長久以來的學生運動精神。

日本的學生運動風潮始於一九一〇年代的大正時代，在二戰時期遭到打壓而沉寂，戰後則因為美日兩國的關係以及國際局勢劇變而越發猛烈。一九六〇年代的美日安保鬥爭、一九六八年開始的全學共鬥會議，日本各地許多大學生不惜以罷課、暴力手段來宣揚政治訴求。隨著日本經濟快速起飛，學生的訴求愈來愈沒辦法得到民眾的聲援，導致學生運動的熱潮急速降溫。

京大的學生把目光放在校園自治、宿舍自治，頻繁在校園的外圍、十字路口擺設大型看板宣揚自己的意見，還展開了一系列令人啼笑皆非的行為。

最後的調皮，是京都人的溫柔

原本在京都大學的校園裡，有一座折田彥市先生的銅像。他是京都大學前身舊制第三高校的校長，也是京都帝國大學的創始委員之一，奠定了京大引以為傲的自由學風。

一九八〇年代，陸續有學生在折田先生的銅像上塗鴉、噴漆，甚至將銅像打扮成新娘的模樣。京都大學屢次勸導學生不要塗鴉，卻無法遏止學生的惡作劇，最後決定把銅像搬移到其他地方展示。崇尚校園自治精神的學生，以幽默的方式反擊學校，每年大學入學考試期間，學生都會在銅像的台座上放置塑像，歷年來包含了漫畫《北斗神拳》的拉歐、動畫《麵包超人》的天婦羅飯人，就連任天堂的遊戲角色都成為塑像。

到底京都大學畢業典禮的變裝傳統從什麼時候開始，目前仍無定論。根據畢業校友的說法，在一九八〇年代學生運動降溫的時代就有零星案例。大概在一九九〇年代的後半期成為固定的傳統。時間點大致上與折田先生銅像事件差不多。

為什麼保守的京都人，能夠容忍當地知名學府的大學生各種調皮的行為呢？一九九七年，京都大學的校長井村裕夫曾向媒體表示，「畢業典禮是大學生擺脫青澀、步入社會的契機」，既然這些大學生未來都要接受社會現實的洗禮，那麼在大學時代稍微任性一點又何妨呢？這大概就是京都人的想法吧。

第二部

戲說中京

從戰國時代的兵家必爭，
到全國票選的「最無聊城市」

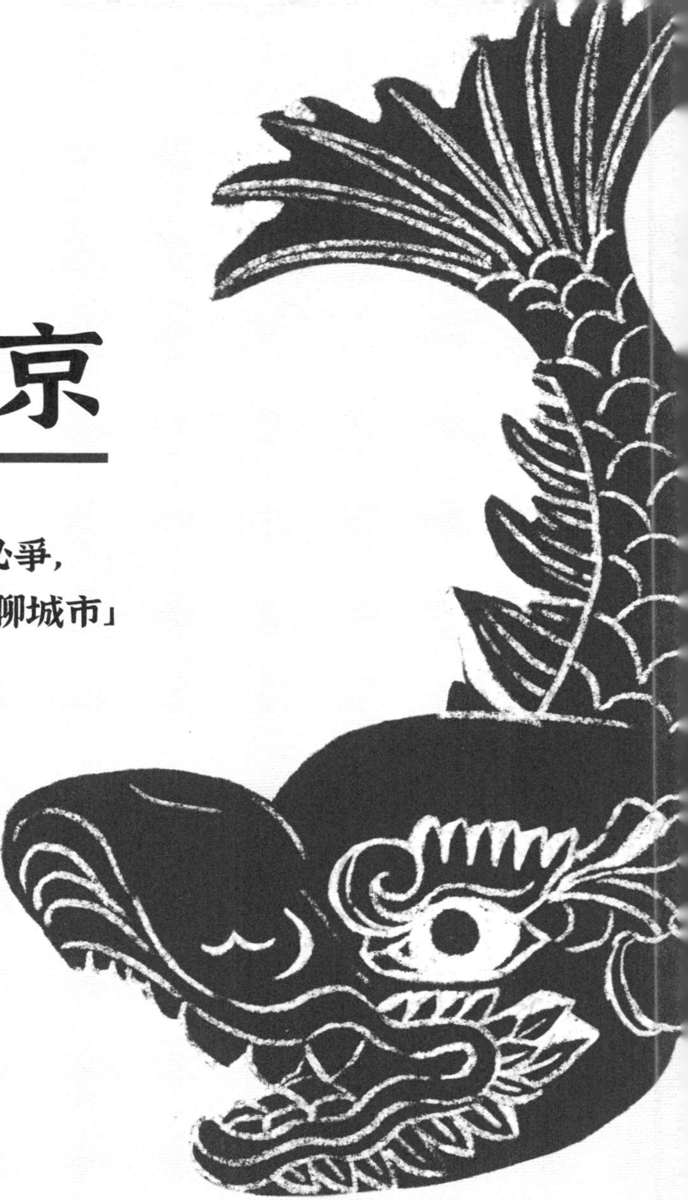

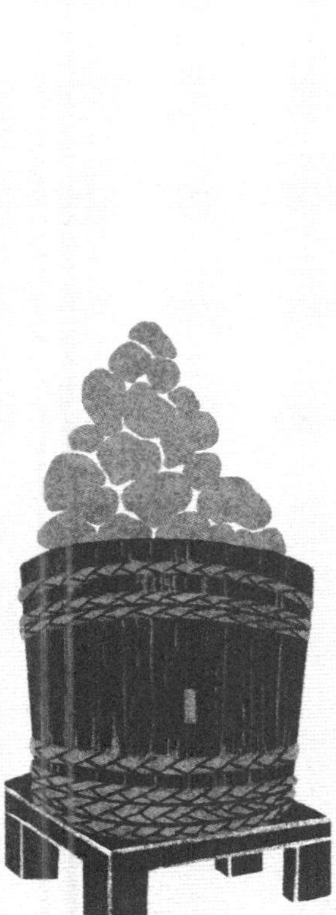

清須會議

——影響日本五百年的三英傑——

名古屋位處於愛知縣，雖然未曾成為日本的首都，卻跟三位推動日本歷史的英雄豪傑關係密切，亦即人稱「戰國三英傑」的織田信長、豐臣秀吉、德川家康。

這三個人都從名古屋附近發跡，是十六世紀日本戰國時代的武將。織田信長是當地的武士，豐臣秀吉是他麾下的家臣，德川家康則是他的盟友。最後織田信長揮軍進入京都掌握天下，豐臣秀吉打造大阪的繁榮根基，德川家康則是東京的開創者。名古屋人就是有一種不亞於東京、大阪而自成一格的氣質。

亂世中的英雄，戰國三英傑

織田信長被譽為日本的開創者，做為名古屋發跡的地方武士，他的出身背景實在稱不上尊貴。但他在二十七歲那年打贏了一場不可能的任務，以三千軍力打敗兩萬五千大軍，成功斬獲敵將今川義元的首級。這場名為「桶狹間之戰」的戰爭，是日本史上以寡敵眾的經典戰役。

一戰成名的織田信長，以開創性的內政與軍事手段，接連擊敗日本各地的強豪，搖身一變成為掌握京畿與半壁江山的天下霸主。眼見日本即將歸於一統，織田信長卻遭到麾下重臣明智光秀暗殺，史稱

「本能寺之變」。開創者死後，商人個性的豐臣秀吉、農民個性的德川家康。兩人採取不同策略，爭奪天下霸主的繼承權。

本能寺之變發生的時候，織田信長麾下的重臣都遠在數百公里外打仗，當許多重臣還在觀望局勢思考對策時，只有商人個性的豐臣秀吉洞察時機，當機立斷與敵軍達成停戰協議。接著他和麾下的將

桶狹間之戰

發生於一五六〇年的桶狹間之戰，據說織田信長趁著大雨奇襲今川義元的本陣獲得勝利，因此這場戰爭被譽為日本三大奇襲戰。雖然近代歷史學者對於這場戰爭的經過有所質疑，但是織田信長以寡敵眾打敗今川義元，對戰國時代的歷史發展影響深遠，的確是不爭的事實。

在重視出身門第的年代，今川義元身為幕府將軍的遠親，世襲統御駿河、遠江（現在的靜岡縣），竟然會敗給地方武士出身的織田信長。反映長久以來講究身分地位的社會價值觀已經改變，武士可以憑

士帶著武器與糧草，竟然在七天的時間內急行軍四百三十公里，迅速趕赴京畿，成功為主君織田信長報仇。

傳說豐臣秀吉成功的祕訣，就是因為他出手大方並且善於攏絡人心。

在急行軍的途中，他先讓將士們在途中的城堡裡休息一天。把城內儲備的軍糧與資金全部拿出來，闊氣地分給旗下所有

藉自身才幹奪取地盤與獲致身分地位。

桶狹間之戰結束後，東海道的名門今川家在八年後滅亡。織田信長則站穩腳步，掌握富庶的濃尾平原，以雄厚的經濟與軍事實力介入幕府的運作。最後因幕府將軍足利義昭與織田信長發生衝突，織田信長決定流放幕府將軍，結束室町幕府時代，並且獲得朝廷的認可，名正言順地朝著統一日本的方向邁進。

織田信長注重商業流通，允許天主教傳教，積極接納西洋文化，是一個具有開創性思維的英雄。如果他沒有殞命於本能寺之變，也許日本會成為提前擁抱世界的全新國家。

將士。他以重賞提升了將士的士氣，成功宣示自己賭上身家也要為主君報仇雪恨的決心。同時命令心腹騎上快馬帶著資金，提前要求路上的商家與農村準備火把照亮夜路、準備食糧與飲水讓將士補充體力。

正是因為豐臣秀吉洞悉人心且行事設想周全，才能實踐兵貴神速的要領，成功打敗明智光秀，一躍成為織田家臣團裡面最有影響力的人。

另一方面，本能寺之變發生時，德川家康正在大阪附近觀光遊覽。他聽聞織田信長遭到家臣謀反身亡，知道自己必定會成為敵軍的下一個目標，立刻穿過險境回到自己的老家。

德川家康不是織田家臣團的內部成員，不像豐臣秀吉能夠藉由內部派系整合，接收織田信長身後的地盤。農民個性的德川家康選擇踏實的做法，先返回老家穩固實力，吸收織田領地邊境的騎牆派地方勢力與無主的領地，快速累積自己的籌碼。

豐臣秀吉與德川家康，分別從內部與外部吸收織田信長留下的資產，做為接掌天下的資本。

誰能笑到最後？影響歷史走向的清須會議

接下來把目光拉回群龍無首的織田家，來看看豐臣秀吉用什麼手段接收織田的遺產，超越織田信長，正式取得治理天下的實權。

織田信長是一個大權一把抓的獨裁型領袖，他早早就把接班人的位置交給自己的長男。為了避免自己死後，兒子們為了爭奪遺產而兄弟內鬥，他將二男與三男過繼給其他名門世家，給予他們掌握優渥生活與統領兵馬的權力，讓他們輔佐兄長但又沒有奪嫡的名分，可說是非常有遠見的做法。

可惜織田信長跟長男雙雙在本能寺之變喪命，意外讓二男跟三男重新捲進繼承人的爭奪戰。為了決定讓誰來繼承織田家，在距離名古屋市約十公里的清須城，召開一場影響歷史的清須會議。

清須會議的參加者，是織田信長麾下的四個重臣，以首席重臣柴田勝家及豐臣秀吉為主。這些重臣既有才能也有野心，平庸的主君根本無法駕馭他們。加上織田信長的兩個兒子為了避嫌而沒有參加會議。所以這場會議名義上是要決定織田信長的接班人，實際上是決定柴田勝家和豐臣秀吉，誰才是能獲得真正的中央政權的領導者。

織田信長的二男織田信雄資質平庸，三男織田信孝則是擁有才幹跟聲望。柴田勝家認為織田信長的三男奇貨可居，在會議前就搶先談好合作條件。沒想到豐臣秀吉竟然沒有推舉信長的二男，而是另出奇招，推舉織田信長的嫡孫，年僅三歲的小男童。

織田家中的兩大重臣，分別以接班人的才幹、血緣為論點展開一場脣槍舌戰。隨後秀吉藉口身體不適離席，另外兩位重臣則以忠臣應該輔佐嫡系幼主為理由，還推崇秀吉首先為織田信長報仇雪恨的大功勞，力勸柴田勝家應該要支持秀吉的提案。既然四大重臣的另外兩個人都靠向秀吉，孤掌難鳴的柴田勝家最後決定接受秀吉的提案，讓年僅三歲的信長嫡孫繼承織田家的大位。

從結果來推論，看來秀吉已經事先買通另外兩名重臣，並在關鍵時刻提前離席，讓另外兩位重臣當面勸說柴田勝家。如果秀吉當時在場，柴田勝家應該也拉不下面子吧。日本人在簽訂商業合約之前，一定都會花水磨工夫事先調停好各方意見，讓合約能夠順利簽定。秀吉在清須會議的表現，大概也跟這種商業手腕脫離不了關係吧。

在清須會議取得主導權的秀吉，日後擊潰政敵柴田勝家、讓競爭者德川家康伏首稱臣，完成昔日織田信長未竟的事業，成功以武力與外交手腕迫使全日本的大名（相當於諸侯）歸順，獲得朝廷冊封為輔佐天皇的「關白」，成為統一戰國亂世的日本實質統治者。豐臣秀吉以現在的大阪做為根據地，如果沒有豐臣秀吉的崛起，就沒有今日繁榮的大阪。

豐臣秀吉統一日本之後，曾經兩度向朝鮮半島出兵，意圖取代大明帝國在東亞的地位。這兩場渡海作戰嚴重消耗日本的國力，成為日韓關係緊張的歷史遠因，甚至導致豐臣政權解體。

豐臣秀吉過世之後，隱忍許久的德川家康以託孤重臣的名義，從內部分化並拉攏派系陣營，在一六〇〇年的關原之戰打敗敵對派系，成為豐臣政權內部影響力最大的大老。同時獲得朝廷任命為征夷大將軍，開設江戶幕府，成為天下武士的領袖。

一如豐臣秀吉當年在清須會議後，蠶食鯨吞織田信長遺留的天下。德川家康在豐臣秀吉過世的十七年後，正式帶兵殲滅豐臣秀吉的兒子，此後日本再也沒有任何勢力能反抗德川家康，日本的歷史進入和平繁榮的江戶時代。

「偉大鄉下人」的個性

——喜愛浮誇又精打細算——

名古屋是位於東京與京都之間的大都市，素來有中京的稱號。關東地區以東京為政經中心、關西地區以京都為文化古都，而名古屋就是中部地區九個縣的領頭羊。

即使後來德川家康取代豐臣秀吉成為天下霸主，在現在的東京開創江戶幕府，他仍十分看重這塊土地的重要性，命令各地的大名出資興建名古屋城，並且將名古屋交由德川家的子孫代代治理直到明治維新。

農民的樸實＋商人的精明＝偉大的鄉下人

名古屋是愛知縣的縣廳所在地，愛知縣分成東西兩大區域，由西部的尾張地區跟東部的三河地區組成。尾張地區屬於商業區域，掌握伊勢灣的水運交通，以及連接京都與東京的東海道。出身尾張的織田信長擁有企業經營者的戰略眼光與霸氣、豐臣秀吉則擁有商人的三寸不爛之舌與拉攏人心的特質。另一方面，三河在古代屬於農業區域，三河出身的德川家康具備了農民樸實、保守的特性，他統一了天下，開創了江戶幕府長達兩百六十餘年的基業。

德川家康重用了當年在三河時代就一起打天下的重臣，因此雖然江戶幕府的核心位於現在的東京，江戶時代有七成左右的大名出身於尾張與三河。直屬將軍且有資格謁見將軍的旗本、御家人等武士階層，則有一半以上出身三河。

如果沒有三河人，江戶根本就發展不起來，自然也不會有現在繁榮的國際都市東京。這讓三河人除了務實的精神之外還帶有三分驕傲。所以談到名古屋人，儼然是混合了商業、農業，以及藏在心裡的驕傲感，給人一種「偉大的鄉下人」的印象。

樸實勤儉的農民個性，結合精打細算的商人個性，培養出名古屋人將錢花在刀口上的理財觀念。名古屋人節儉愛存錢，算盤又打得特別精。名古屋人的儲蓄率在日本全國名列前茅，愛知縣的銀行密度也是日本第一，而且存款必定要分散在各家銀行，甚至連家裡都要準備保險箱存放私房錢。即使在二〇〇八年的雷曼風暴之後，愛知縣民的年收入減少約七十萬日圓，但他們寧可縮減生活花費，也不會調降儲蓄額度。

二戰時期，有一位出身名古屋的士官在關島失蹤，過了二十八年才被發現。據說他被發現的時候，身上竟然還隨身攜帶印章，以免他老家的土地房屋在他從軍打仗期間遭人變賣。此話傳回故鄉，名古屋人都稱讚他明事理、懂得為自己打算。

笑問客從何處來？尾張與三河的差異

愛知縣包含了古代的尾張與三河，嚴格來說，名古屋的位置處於尾張境內。從外地人的角度來看，這裡結合了尾張商人精明的氣質與三河農民樸實的氣質，形成微妙的平衡。但是在地人又怎麼看待兩個不同區域呢？

神戶新聞的記者在二〇一三年初曾經做過很有趣的街頭訪問。記者訪問十個出身地區是尾張的愛知縣民，詢問他們的出身地是哪裡。其中有八個人回答自己出身名古屋，只有兩個人說自己出身愛知縣。不過回答名古屋的八個人，實際只有四個人出身名古屋市，其他則是屬於尾張地區的鄉下地方。他們口頭上說「回答名古屋是為了讓外地人容易理解」，其實內心是想誇示出身都會區的優越感。

反觀出身三河地區的愛知縣民，十個人裡面有九個人回答自己出身愛知縣，只有一個人回答自己出身名古屋。根據他們的說法，如果回答名古屋的話，心裡會有種不踏實感，甚至認為自己貪慕虛榮。

江戶時代流行關於俳句的典故，用來形容戰國三英傑的個性。如果杜鵑鳥不啼叫的話，織田信長就殺了杜鵑鳥，豐臣秀吉會逗杜鵑鳥啼叫，德川家康則是靜待杜鵑鳥啼叫。其實這個典故也反映了尾張地區與三河地區的民風。織田信長與豐臣秀吉出身尾張，個性急躁且善於隨機應變。德川家康出身三河，凡事以忍耐為優先。

知名的連鎖速食店肯德基，在一九七〇年於名古屋開設日本一號店。開幕當天聚集許多來看熱鬧的家庭主婦，一看炸雞價格不實惠，又不想白跑一趟，就順手將開幕花籃的花拔回家了。外人看來不可思議的事情，對名古屋人來說卻是理所當然。

沒有超出預算這回事——如果有，那就殺價

除了儲蓄，名古屋人的殺價技術也讓人印象深刻，這可能是烙印在名古屋人血液裡的商人特質。名古屋人的殺價技術可謂全日本第一。

對名古屋人來說，追求物超所值本來就是天經地義的事，所謂的物超所值不只是追求便宜，而是要特別耐用、有附加價值，讓人覺得買到賺到才行。例如老牌蛋糕店的ＮＧ商品，以更少的價錢可以買到相同的美味，就會讓名古屋人感到物超所值。如果不能物超所值，

不如把錢存起來。

詢價的時候先殺一次價，簽訂單的時候又殺一次價，交貨付款的時候再殺一次價，稱之為名古屋人的三段式殺價法。如果價格有尾數，當然要自動扣掉尾數才算有誠意。當然現代的名古屋人購買日常用品的時候，已經沒有三段式殺價的習慣，不過公司行號之間的交易還是保有這個習慣。

已故作家田邊聖子女士曾寫下一段很有趣的紀錄：「東京的客人就算事先設定好預算，只要興致來了就會追加預算，事後再留下懊悔的眼淚。京都的客人則是將消費額度抓緊在預算之內。而打算徹底享受之後就打道回府的名古屋客人，一但超出預算，就會殺價殺到符合預算為止。」

裝派頭要靠真本事

一個銅錢打二十四個結的名古屋人不輕易花錢，一旦購物就要挑選顯眼有派頭的商品，追求體積大、重量重、名牌品三大原則。

比起簡約洗鍊的手工皮包，名古屋人偏好奢華風格的外國品牌，最好還能明顯讓人看到Logo的款式。畢竟都花錢購物了，當然要讓旁人一看就知道是名牌貨，才能稱得上物超所值。

名古屋人樸實又愛派頭的文化，透過二〇〇五年的愛知萬國博覽會宣傳到全世界。當時有個流行語「名古屋千金」，指的是十八歲到二十幾歲的名古屋年輕女性，她們喜歡將長髮的尾端燙成帶有空氣感的蓬鬆大捲髮，化妝則使用假睫毛與眼妝，營造出閃亮動人的明眸。

日本歷經泡沫經濟進入失落的二十年，以名古屋為中心的中京工業區成為日本經濟的頂梁柱，以豐田為首的汽車產業鏈，帶動周遭地區、甚至整個日本的經濟發展。

從二〇二〇年的製造業出口額數據來看，以名古屋為中心的愛知縣位居日本第一，製造業出口額為四三．九兆日圓，遙遙領先第二名大阪府的一六．九兆日圓。同時，名古屋港的吞吐量也是日本第一，勝過東京附近的千葉港與橫濱港。如此堅強的經濟實力，也難怪名古屋人能夠繼續維持勤儉又浮誇的形象了。

國寶的初音嫁妝

——嫁妝錢絕對不能省——

德川家康開設江戶幕府，統一紛亂的戰國時代。為了防止各地領主起兵叛亂，家康將兒子分封到日本各地，命他們協助家康嫡系子孫的德川將軍家治理日本。

為了避免嫡系血脈絕後，枝繁葉茂的德川子孫會陷入奪嫡的內鬥，家康讓年紀最小的三個兒子擔任藩主，如果哪天嫡系血脈不幸後繼無人，就從這三家的後代子孫挑選適任者過繼到嫡系的將軍家。世人尊稱這三個家族為御三家。其中就包含了以名古屋為軍政中心的尾張藩。

嫁妝極盡奢華，震懾人心

德川家康的孫子，第三代將軍德川家光，為了跟御三家親上加親，把年僅三歲的女兒千代姬許配給尾張藩的藩主。一人之下萬人之上的德川將軍與御三家的婚禮，嫁妝的排場當然要極盡奢華，也能透過展示強大的經濟力來震懾各地的大名，讓他們不敢隨意起兵造反。

千代姬的嫁妝以《源氏物語》做為設計發想，包含屏風、鏡台、文具、棋盤、洗漱用品，皆以金漆加上螺鈿技法，極盡雍容華貴之美。

一九九六年，千代姬留下的七十件嫁妝被指定為國寶，其中以《源氏物語》初音帖為設計意象的嫁妝占了四十七件，因此被統稱為「初音嫁妝」。順道一提，因為千代姬的曾孫女嫁給公卿家，後來公卿家的子孫又成為大正天皇皇后，因此目前日本天皇都跟初音嫁妝的主人千代姬有血緣關係。

言歸正傳，可能是受到千代姬帶來的初音嫁妝的影響，名古屋人對婚禮的排場特別注重。在泡沫經濟年代，名古屋人嫁女兒的時候，嫁妝的家電、五斗櫃多到得用兩三輛卡車來運送，外面綁上象徵吉慶的紅白布幕，在社區繞一圈炫耀之後再載往男方家裡。藉由炫耀財力的方式，展現娘家對愛女的關懷與照顧。

女兒要出嫁的那一天，爸爸還會爬上透天厝的屋頂撒糖果，送給來觀禮的親朋好友。現在生活習慣改變，人們住進了大廈，沒辦法到屋頂撒糖果，但還是會準備許多大包裝的糖果送給親友。就像結婚宴會餽贈親友的婚禮小物，比起精雕細琢的骨瓷茶杯，名古屋人寧可選擇看起來蓬鬆柔軟的羽毛枕頭。因為禮品就是要又大又重又顯眼，才能展示名古屋人對親友的感謝。所以名古屋人有一句玩笑話，如果生了三個女兒，家裡就會破產。

但若仔細研究名古屋人的婚嫁花費，會發現名古屋人的錢都花在刀口上。根據《婚禮情報》雜誌二〇一六年的統計，其實婚禮花費金額最高的是福島縣，反而名古屋人只排在第十名。這是因為比起婚禮儀式、宴客儀式等一次性消費，名古屋人把錢花在給女兒婚後能夠使用的家電、家具等嫁妝，還有為了建立賓主盡歡的關係，送給親朋好友的婚禮小物。

奢華與樸實的角力戰

德川家康擔憂嫡系子孫後繼無人的事情，果然在家康逝世的一百年後發生了。虛歲八歲的第七代將軍夭折，本來應該從御三家之首的尾張藩挑選繼承人，但最後幕府重臣決定讓順位較低的紀伊藩主繼任第八代將軍，就是人稱「暴坊將軍」的德川吉宗。

德川吉宗繼承第八代將軍之後，大力推行儉約樸實的經濟政策，要求武士的服裝不可鋪張浪費，飲食提倡一日兩餐一菜一湯，大力推廣開墾農田並引進番薯、甘蔗等經濟作物，被譽為是江戶時代的名君。但是德川吉

暴坊將軍

暴坊（暴れん坊）是形容個性暴躁、愛跟人吵架的人。德川吉宗因為從小成長於鄉間，經常在野外嬉戲，個性奔放，甚至有點粗魯，因此才會有「暴坊將軍」這個稱號。

不過也是因為這種豪邁不羈的個性，使他成為一位大刀闊斧的君主，勇於推行各項改革。在朝日電視台製作的長篇歷史劇《暴坊將軍》裡，由著名演員松平健演繹的德川吉宗，還被打造成俠客的形象呢！

宗控管藝文活動，很多藝術創作者因此失去了創作的空間。

明明德川將軍家提倡儉約，身為御三家之首的尾張藩理應成為最支持將軍政策的人。但是名古屋打從織田信長、德川家康的年代，就同時具有商人跟農人的特質，第七代尾張藩主德川宗春，從小就在名古屋土生土長，具有非常靈活的商業頭腦。他認為應該鼓勵富裕階層消費，才能促進經濟流通，讓基層的百姓有錢能賺。

為了宣傳自由經濟政策，德川宗春就任藩主的那一天，特地頭戴鑲有玳瑁的塗漆斗笠，穿著黑色滾金絲邊的衣服，搭配塗上金泥的紅色馬鞍，騎著名貴的黑色駿馬入城接任藩主的職位。往後德川宗春巡視城鎮的時候，騎著珍稀的白牛，命部下扛著長三公尺的煙管讓他抽菸，並且特別允許百姓可以抬起頭來觀看藩主的容貌。他充滿玩心且自由奔放的形象，立刻博得百姓的好感。

他興建劇場讓藝人能夠自由表演，無論商人、百姓，或甚至是武士，都能在空閒時間自由看戲。許多因為幕府的儉約政策而在江戶生活不下去的工匠與藝人，紛紛前往名古屋討生活，據說在德川宗春治理尾張藩的時代，人口增加了四成。其實吸引工匠跟藝術創作者入駐，才是他真正的目的。德川宗春藉此提升藩內的文化水準、刺激產業振興，讓尾張藩的工藝技術能夠升級。藉由祭典保存下來的機關人偶技術，甚至間接影響了後來豐田織布機、豐田汽車的創立。

可惜德川宗春的行為太過招搖，除了引起幕府的注目，也讓許多尾張藩的家臣感到不安。最後德川宗春受到幕府重臣的彈劾，被迫卸下藩主的職位蟄居在家，長達二十五年都沒得到幕府的赦免。雖然德川宗春過於前衛的經濟政策讓自己惹禍上身，但是日本全國因為刻意縮衣節食導致經濟活動停滯，唯有尾張藩的文藝與工藝能夠持續發展，這也是德川宗春留下的功績吧。

家康的烤味噌

——名古屋的味噌飲食文化——

味噌是非常具有日本特色的傳統食材。講到味噌，無論是台灣人或日本人都習慣區分為白味噌、紅味噌、淡色味噌。白味噌是將大豆煮熟之後，加入米麴與鹽短期發酵的味噌，帶有一股淡淡的甜味。紅味噌則是將大豆蒸熟之後長期發酵的味噌，口味比較濃厚。另外還有混合型的淡色味噌。但這只是方便消費者辨認的簡單入門法則。味噌的學問遠比我們想像的更深奧。

簡單的美味，學問卻很大

味噌是以大豆為原料的發酵製品，關於日本味噌的起源有兩種說法。一種是日本派遣唐使到大唐留學帶回來的技術，因為是還沒完全發酵完成、帶有豆粒的醬，原本稱之為「未醬」，後來取日文同音字稱為味噌。也有一說是日本從繩文時代就有用鹽醃製穀物的習慣，後來發展出麴發酵的味噌。

大部分在超市買到的味噌是混合米麴的米味噌，主要流行於日本關東地區到東北地區，九州則是流行混合麥麴的麥味噌。唯有在名古屋為中心的愛知縣、岐阜縣、三重縣以豆味噌為主，這是完全使用大豆、豆麴、豆粉製成的味噌，這種味噌看起來顏色很深，其實含鹽量並不高。

在德川家康的年代，能夠長期保存的味噌是重要的戰備糧食，戰國武將積極獎勵領地的商人與農家製作味噌。而且德川家康有一件糗事，跟味噌有很大的關連。

從味噌到醬油

講到日本的傳統醬料，一定少不了味噌跟醬油。傳說日本首次國產的醬油，其實是來自味噌。

在十三世紀的鎌倉時代，覺心禪師渡海前往南宋修行，在浙江金山寺學會以大豆加上鹽漬蔬菜製作味噌的方法。覺心禪師回到日本後，在現在的和歌山縣教導百姓製作味噌，意外發現發酵槽底下累積許多味道甘美的液體，日文稱為「たまり」（溜），被視為是日本醬油的起源。

江戶時代為了大量生產醬油，研究出將大豆與麥加熱處理之後，加入鹽水發酵熟成的濃口醬油。因為愛知縣屬於豆味噌的文化，有些老店家仍然保留著以大豆製作溜醬油的習俗。

幫家康背鍋的烤味噌

當時德川家康與開創個性的織田信長同盟，德川家康向東發展、織田信長向西發展。但是在德川家康領地的東邊有個強大的戰國大名，就是統御現在山梨縣、長野縣的武田信玄。無論是戰爭或是外交，德川家康都不是武田信玄的敵手。

一五七三年，武田信玄兵分多路進攻德川家康的領地。德川只能努力咬牙硬撐，抵擋武田信玄的攻勢，一邊請盟友織田信長發兵救援。但是織田信長這時候也自顧不暇，只能分出三千援軍來協助。家康自己能調度的軍隊加上援軍不過一萬多人，要對抗人數超過兩倍且驍勇善戰的武田軍，簡直就是一場不可能的任務。唯一的辦法就是堅守城池，誘引武田軍來打攻城戰。

沒想到，武田信玄識破了德川家康的盤算。自古以來打攻城戰都要耗費三倍以上的軍力才能取勝，如果花太多時間攻城，織田信長可能隨時都會加派援軍來夾擊。

精通兵法的武田信玄決定無視德川家康駐守的城池，直接率軍向西去攻打其他城池，企圖截斷德川家康的補給線，讓家康困守在城內直到彈盡援絕。

戰國時代的地方派系，人人都以自保為優先，如果德川家康不能展現勇於戰鬥的氣勢，地方派系就會毫不猶豫地捨棄德川家康，跳槽到武田信玄麾下。

無論是戰略規畫，或是為了維持人心，德川家康都不能輕易讓武田信玄大搖大擺地無視自己。雖然失去了守城的防禦優勢，熟悉地利的德川家康仍然有獲勝的可能。他決定孤注一擲，掌握黃昏時刻的天時與地利，率軍追擊武田的軍隊。

只是，德川家康的計謀，再次被武田信玄識破。德川家康以為自己可以從背後突襲，沒想到抵達戰場的時候，武田軍早就已經擺好陣勢準備來個甕中捉鱉。果然兩軍交戰沒多久，德川軍就逐漸敗退。德川家康只能快馬加鞭逃回主城。

這場戰爭史稱「三方原之戰」，是德川家康人生三大危機之一。

傳說德川家康麾下的忠臣，自願披上德川家康的鎧甲去引誘敵人追擊，讓德川家康能夠騎著快馬逃回城內。而失魂落魄的家康於逃跑途中，忍不住在馬上失禁了。當他回到主城的時候，為了維持城內將士的士氣，笑著跟家臣解釋，馬鞍上的汙漬只是他隨身攜帶的烤味噌。

雖然是引人發笑的小故事，但也讓人感覺到德川家康不只是高高在上的戰國英傑，更是一個有血有肉讓人感覺親切的人。

名古屋人鍾愛的味噌料理

名古屋最有名的味噌稱為「八丁味噌」。其發祥地八丁村（今岡崎市八帖町）因距離家康誕生的岡崎城有八丁（約八百七十公尺）之遠而得名。這裡是戰國時代東海道與河運的交會點，不但能夠透過貿易得到良質材料，還有豐沛的好水能夠製作味噌。從江戶時代初期開始，就只用黃豆、鹽、清水製作八丁味噌。堆成小山一樣的壓箱石，木桶裡裝著多達六噸的味噌。相較於熟成期只需要三個月到半年、用米麥與麴製作的信州味噌，八丁味噌需要兩夏兩冬的時間來熟成。

名古屋是一個自給自足的文化圈，比起京都來的老鋪料亭、東京來的西式料理，名古屋人更喜歡經濟實惠又讓人懷念的家鄉味。

愛知縣的味噌生產量僅次於長野縣，境內的居民喜歡用味噌製作各種料理，無論是燉煮、沾醬都少不了味噌。

同樣是燉煮蒟蒻，關東人喜歡以柴魚為湯底，名古屋人則調和了八丁味噌與砂糖，製作名為「土手煮」的燉煮料理。還有把粳米搗碎捏成錢幣狀、串上竹籤抹上味噌醬燒烤的五平餅，把味噌跟烏龍麵一起燉煮的味噌煮烏龍麵，以及結合洋風飲食文化的味噌豬排。

另外，名古屋的地方美食炸雞翅，是將炸好的雞翅再抹上濃稠醬汁，這也是從味噌文化衍生的新形態美食。

從四百年前德川家康做為軍糧隨身攜帶的烤味噌，到現代流行的各種味噌料理。味噌對名古屋的影響真是深遠哪！

TOYOTA與豐田家族

——從紡織到汽車的產業升級——

愛知縣的貨物出口額是日本所有都道府縣之冠，遙遙領先第二名的神奈川縣超過一倍以上。不僅蟬聯了四十幾年冠軍，並在二〇二〇年工業統計調查達到近四十八兆日圓，占全國近一五%左右，可以說是日本經濟的領頭羊。

其中最具代表性的就是豐田汽車的產業鏈。從原料製造到組裝都能透過愛知縣境內的產業完成。特別是豐田汽車的生產量與銷售數，在二〇〇七年正式超越美國通用汽車，從日本第一升級成為世界第一，成為名古屋人的驕傲。

發明王豐田佐吉的巧思

豐田汽車其實象徵著名古屋從棉花到工業的產業升級。

棉花在十六世紀的日本戰國時代，從中國的明朝傳入日本，開始種植於現在的愛知縣、靜岡縣一帶。不僅可以做為布料，也能當作火槍的火繩，對戰國時代的領主來說，是重要經濟產物與戰備資源。但是任誰都沒想到，棉花竟然在三百多年後影響了日本的汽車工業。

豐田的故事要從豐田佐吉開始說起，他的父親是木工，母親則紡織棉布貼補家用。只有小學畢業的佐吉對機械非常感興趣。打從尾張藩第七代藩主德川宗春的年代，就有許多擅長活動人偶的工匠進駐名古屋。日本暢銷書《豐田物語》記載，佐吉藉由活動人偶的操作原理改良人力織布機，將性能提升到四成以上。

豐田佐吉被譽為發明王，擁有多達一百一十九件的發明與專利。

隨著日本的現代化，棉布的需求愈來愈大，傳統的人力織布機已經無法滿足需求。當時雖然有蒸汽推動的動力織布機，但只要碰到需要換線或是緯線斷裂的問題，若無法第一時間發現並解決，自動生產的高效率反而會產生一堆不良品，因此必須讓員工時時監控織布機的運轉狀態。

成功改良人力織布機的豐田佐吉看到商機，決定搬到名古屋市創立豐田商店。在一八九六年發明了故障發生時能立即停止運轉的豐田式蒸汽動力織布機。一個員工可以同時看顧好幾台織布機，大幅提高工廠的工作效率。據說這些都是從活動人偶得到的靈感。

對佐吉來說，改良織布機的關鍵不只是提升織布機的工作效率，更重要的是發生故障可以立刻停止機器運轉的功能。如果只是單純提升工作效率，無法即時排除故障的話，生產速度愈快，不良品的數量也會急速增加，不但影響現場工作人員的士氣，還會影響公司的評價。

豐田佐吉發明的動力織布機得到大財閥三井物產的青睞，後來接受三井的融資建立豐田自動織布工廠，在第一次世界大戰的景氣影響下獲得許多訂單。

對汽車產業懷抱巨大熱情的豐田喜一郎

豐田從紡織轉型到汽車工業，是在豐田佐吉的兒子豐田喜一郎的年代。

豐田喜一郎畢業於東京帝國大學工學部的機械工學系。當時日本的紡織業景氣開始下滑，父子決定將公司的新發明「無停止換梭式豐田自動織布機」的專利賣給英國的廠商換取資金。隔年豐田佐吉病逝，豐田主業的紡織產業由他的女婿執掌大局，豐田喜一郎則專心主持汽車生產部門，立志要打造日本的國產汽車。

喜一郎曾經前往美國、英國視察，目睹世界對於汽車的需求，以及美國汽車的普及化，決定搶先開拓日本市場。

豐田購買了愛知縣舉母町的五十八萬坪荒地，開創汽車工廠。在二戰期間，豐田陷入物資短缺的困難，為了維持零件供給，整合了鋼鐵、電器零件、橡膠等產業。即使在二戰結束之後，這些工廠獨立為子公司，仍然與豐田保持良好的合作關係。這是因為名古屋人非常重視合作情誼，一旦曾經合作過，就不會輕易跳槽。這也是日後豐田生產方式「即時生產零庫存」（Just in time）能夠順利推行的基礎。

戰後日本陷入混亂重整期，不但豐田陷入經營危機，醉心於汽車工業的豐田喜一郎也陷入勞資糾紛，不得不卸下經營者的重擔，將豐

即時生產零庫存（JIT）

豐田汽車成立初期，實際生產汽車的經驗尚不足，日本民眾對汽車的需求量也還不高，因此當時還不適合採用傳統大批量生產設計，生產效率也很低。為了改善生產線上的浪費，豐田喜一郎想到了紡織工廠那套可以有效節省時間與庫存浪費的即時作業流程，並在這個基礎上，規畫出了適用於豐田汽車的JIT系統。

JIT系統的核心就是減少生產成本與零庫存，比傳統大批量生產的方式更適合市場規模較小或需求較多樣化的市場，因此很適合日本早期的汽車市場。不過在民眾對汽車的需求量逐漸提高後，豐田的這套系統先是在二〇一一年的三一一大地震遭遇挑戰（當時供應鏈遭到嚴重破壞），繼而在二〇二一年COVID-19疫情所造成的晶片荒中產生危機，迫使公司決定改變經營策略。

田的經營權交給穩健派的石田退三，由其重整企業內部狀態。

石田退三長期受到豐田佐吉的重用，是一個對豐田非常忠誠的人，他推行儉約運動與無融資經營，讓豐田轉虧為盈。

由於韓戰爆發，日本對於卡車的需求突然飆升，石田退三打算等公司的財政穩定之後，就讓恩人之子豐田喜一郎回來重掌豐田。可惜豐田喜一郎因腦溢血辭世，沒能親眼目睹豐田的長銷型車款豐田皇冠問世。

在時代浪潮起落中穩穩地走向全球第一

從豐田佐吉的紡織機產業，到豐田喜一郎率先布局的汽車產業。豐田在時代浪潮的起落中學習到穩紮穩打的生存之道。

一九七九年的第二次石油危機之後，主打省油的豐田汽車得到全球注目，終於在一九八〇年代超越美國，成為全球汽車生產第一大國。隨著汽車工業的發展，愛知縣的汽車供應鏈也更加穩固。

雖然在二〇〇八年的雷曼風暴，豐田面臨了第一次的虧損，所幸家底非常深厚，加上豐田早就布局投資自動駕駛、CASE等技術開發，隔年就扭轉虧損，並在五年後重新恢復到雷曼風暴前的績效。

除了豐田市，六十公里外的田原市同樣雨露均霑。這裡是凌志汽車的生產工廠。法人稅有九成來自豐田汽車的相關產業。

立足於名古屋市的豐田商店，在百年之後成為愛知縣產業鏈的領頭羊，並且在泡沫經濟後支撐起日本經濟的穩健發展。背後都跟名古屋人的農夫與商人個性有關吧。

名古屋的陶瓷業

——從瓷器到半導體——

談及日本的陶瓷器，大部分讀者可能會聯想到京都的清水燒或九州的有田燒。但陶瓷技術的發展不只是器皿或茶杯，連高壓電塔的絕緣礙子、積體電路的基板，甚至航太科技都會使用到精密陶瓷。

從器皿到太空，陶瓷業的進步當然不是一蹴可及。如果要問誰是世界上規模最大、跨足領域最廣泛的陶瓷生產商，那就是位在名古屋市的則武。

其實日本的陶瓷器工業技術，起步的時間比中國晚了幾百年。中國早在唐宋時代就已經發展出精良的白瓷、青瓷，反觀日本當時還只有燒製陶器的技術。

瓷器以高嶺土為原料，燒製溫度高達一千兩百度以上，敲擊時有清脆的聲音，表面光滑細緻，可以說是火跟土的技術結晶。陶器的原料則是黏土，燒製溫度在九百至一千兩百度之間，敲擊時聲音較鈍，材質帶有吸水性，是一種傳統且帶有古樸風味的技術。

古代的日本人將「唐」做為中國的代稱，無論是唐朝或是宋朝的瓷器，只要是飄洋過海來到日本的陶瓷器都統稱為唐物。古代的名流貴族如果家裡沒有唐物，都不好意思舉辦宴會邀請賓客呢。

日本的陶瓷器文化，直到戰國三英傑的時代才發生技術與審美觀的改變。素有「茶聖」之稱的千利休，正式奠定日本茶道的規範。他一改茶會一定要準備唐物的習慣，推崇不對稱、具有強烈生命力與創作者個性的陶器。

從朝鮮半島傳入日本的陶瓷技術

出身名古屋的豐臣秀吉統一日本之後，兩次渡海攻打朝鮮半島。九州佐賀藩的藩主鍋島直茂，臣服於豐臣秀吉麾下，奉豐臣秀吉的命令渡海攻打朝鮮。他將朝鮮的瓷器技術與工匠帶回佐賀，發展出「古伊萬里」，也就是「有田燒」的前身。佐賀藩將陶瓷器視為重要的財源，下令嚴禁瓷器技術外傳，將工匠集中管理於深山裡面的窯廠。一直要到江戶時代晚期，瓷器的技術才從九州散布到日本各地，正式開啟日本的瓷器時代。

在名古屋附近，有日本六大古窯的瀨戶燒、常滑燒，兩者都以生

日本六大古窯

日本六大古窯是指從中世紀延續至今的陶瓷器代表性產地：越前、瀨戶、常滑、信樂、丹波、備前。其中尤以瀨戶和常滑最著名。

瀨戶燒受中國陶瓷影響最深，以美觀精巧的瓷器而聞名，在全國知名度極高，甚至成為陶瓷器的總稱。

常滑燒則以製作茶壺而擁有高人氣，特色就是能把原料中包含的鐵分變成紅色，把茶葉放入富含氧化鐵的陶土燒製而成的常滑燒水壺中，可以緩解澀味，讓味道變得濃郁醇厚。

越前燒生產最多生活用品，以沉靜的色調燒成，帶有一種樸實醇厚的美感。

信樂燒出產的茶具受到千利休等日本茶道大師青睞，一度還有「茶陶信樂」的美名，奠定其獨特的地位。

丹波燒最大的特色是必須在大約一千三百度高溫的窯內，歷經五十至七十小時的燒製，因而產生灰與陶土融合所形成的自然釉紋路。

備前燒則是豐臣秀吉的最愛，是完全不用釉藥而直接燒製的陶器，保留了黏土原有的溫潤質感。

產陶器為主，擁有近千年的歷史。在戰國時代，許多工匠為了逃避戰火離開家鄉，導致陶器的生產一度面臨斷層。幸好在江戶時代，尾張藩德川宗春的重商政策底下，工匠逐漸返回窯廠。到了江戶時代後期，燒製瓷器的技術傳入之後，瀨戶燒又再次進化發展出新的風貌。原本的陶器稱為本業燒，帶有古樸與創意風格的陶器，與精美光滑的瓷器，在富庶的名古屋傳承下來。

在明治時代賺取外匯的陶瓷器

在十九世紀明治維新的時代，有一位名叫森村市左衛門的商人。他的家族擁有特權，能夠直接跟尾張藩的武士階層做生意，販賣武士需要的刀劍與服飾。隨著時代的變遷，日本推行脫亞入歐的風潮。森村市左衛門改賣外國舶來品，並生產馬匹用的馬具，靠此積攢資金。

當時日本的政治家福澤諭吉，對這個現象感到憂心忡忡，他認為如果日本不斷向美國購買商品，卻沒辦法把商品賣給美國，貿易不平衡終究會導致日本的財政逐漸惡化。

在福澤諭吉的呼籲之下，森村市左衛門將自己同父異母的弟弟送去紐約，開了一家名為森村兄弟的店鋪，立志要把日本引以為傲的陶瓷器賣到美國。當時美國的瓷器幾乎都來自英國，不僅價格昂貴，下單之後還得等上很長的時間才能收到貨物。森村兄弟帶到美國販售的陶瓷器，做工精良且帶有異國色彩。為了滿足美國對於陶瓷器的需求，森村市左衛門在一九〇四年創立了日本陶器合名會社，也就是現在全球最大規模的陶瓷企業集團則武。

森村市左衛門積極投入國際貿易，將日本的商品賣到美國賺取資金，再把獲得的利潤投資於產業發展，並回饋給日本的高等教育與公共衛生。他在福澤諭吉的推薦下，慷慨捐款給素未謀面的日本醫學家北里柴三郎，建立日本的傳染病研究所。

北里柴三郎是日本的細菌學家，在德國成功培育出破傷風菌，奠定血清療法的基礎，可惜只有入圍諾貝爾獎卻未能獲賞。

順道一提，二〇二四年日本的紙鈔將更新設計，千元紙鈔的偉人肖像將從原本的野口英世改為北里柴三郎。

關於日本的高等教育，現今的東京工業大學、早稻田大學、日本女子大學都接受過森村市左衛門的捐款，捐給每間學校的款項換算起來超過現在的五億日圓。

在一八八〇年代，日本各地鋪設輸電線路。為了防止電壓在傳輸時洩漏，在輸電線路與電線桿上面都有裝設絕緣器，日文漢字稱為「礙子」。由於陶瓷具有耐高溫與絕緣的效果，成為製造絕緣礙子的最佳材料。但是歐美進口的陶瓷礙子價格高昂，日本政府要求陶瓷廠商協助開發國產礙子。則武在一九〇七年開發出對應一萬五千伏特的絕緣礙子，一九〇九年則製造出對應四萬五千伏特的絕緣礙子，成為日本政府普及電力供應網的重要供應商。

森村市左衛門身為成功的商人，善盡社會責任，將利潤回饋給社會。他一手打造的森村財閥，在二戰之後被迫解體，成為現在專精陶瓷與研磨技術的則武、陶瓷衛浴設備的TOTO、高壓配電設施的日本礙子、精密陶瓷的日本特殊陶業等公司。

相對於中國北宋時代的高超瓷器技術，日本的瓷器發展晚了五百年。但是在明末清初的戰亂時代，中國的陶瓷器產量大減，九州的有田燒趁勢贏得歐洲市場。加以十九世紀末期，森村市左衛門靠著敏銳的商業嗅覺，提前拿下了美國市場，並投注資金發展絕緣礙子為首的陶瓷絕緣體，才有今天日本在精密陶瓷技術的成就。

鰻魚飯三吃

——武士文化與飲食——

鰻魚飯是非常具有代表性的日本美食，烤得香氣撲鼻的蒲燒鰻魚，淋上醬油與味醂調和的醬汁，無論是要直接吃烤鰻魚，或是來一份鰻魚飯，都很對味。

秋天的鰻魚富含脂肪，風味最佳。此時魚身略帶黃色而稱為胸黃（Munagi），成為鰻魚（Unagi）的語源。即使秋天的鰻魚最肥美，但在夏天仍然有許多饕客樂於品嘗鰻魚飯。這是因為在日本還沒遷都到京都之前的八世紀，就有夏天宜食用鰻魚滋補身體的和歌，到了十八世紀的江戶時代，衍生出「土用丑日」吃鰻魚能消暑補元氣的說法。有趣的是，鰻魚飯可以說是從地方紅到中央，再從中央紅回地方的美食。

香氣逼人，擄獲江戶武士的胃

鰻魚的主流烹調方式分為白燒與蒲燒。白燒是不沾醬汁直接燒烤的早期料理方法，蒲燒則是將鰻魚剖開去

土用丑日

土用丑日是來自中國陰陽五行的概念，春為木、夏為火、秋為金、冬為水，「土用」是兩個季節之間的轉折點，如果又碰上十二支中的「丑」，那麼這一天就被稱做「土用丑日」。

至於為什麼土用丑日要吃鰻魚呢？主要有兩種說法。

其一是根據「丑」（うし）這個字裡的「う」，

骨之後，刷上醬料燒烤。

德川家康三十幾歲的時候，統治愛知縣西側的三河國領地，還有坐擁濱名湖的靜岡縣。當地流傳著白燒的料理方法。

後來德川家康臣服於豐臣秀吉麾下，奉令搬遷到江戶，也就是現在的東京。江戶城周遭有許多溼地與沼澤，家康命人填土造陸擴建江戶。廚師使用棲息在溼地的鰻魚讓工人補充營養，可以說是自產自銷的先驅。因為當時的醬油工業還不發達，早期是以味噌和鹽來調味。從德川家康開設

日本人相信若在這天吃了名字裡帶有「う」字的食物，有助於祛病消災，像是鰻魚（うなぎ）、梅干（うめぼし）、烏龍麵（うどん）、瓜類（うり）等食物都可以。

其二源自於江戶時代，賣鰻魚的店家為生意感到苦惱，發明家平賀源內建議在土用丑日這天貼出「本日為土用丑日」的廣告，吸引了大量的客人，這項傳統也就留傳至今。

幕府的半世紀之後，關東地區十七世紀後期開始量產醬油。讓烤鰻魚的方法從白燒轉變為醬油加上味醂的蒲燒，香味撲鼻的鰻魚飯也成為江戶武士喜愛的美食。

關於蒲燒的語源，日本農林水產省網站整理江戶時代流傳下來的三種說法。

早期的烹調法是將竹串穿過鰻魚的頭跟尾巴，撒上鹽巴燒烤，外型看起來像山蒲花的花穗而得名。雖然江戶時代的烹調方法不同，依然沿用古早的稱呼法，這種說法的公信力最高。

此外，江戶時代的文獻記載，燒烤後的鰻魚皮顏色宛如樺樹的樹皮，故稱「樺燒」；還有一說是文人用「香疾」來形容烤鰻魚的香氣迅速散開。無論是樺燒或是香疾，兩者的發音「Kabayaki」都跟蒲燒相同。

江戶吃法 vs 京都吃法

同樣是烤鰻魚，江戶與東京的烹調方式大異其趣。素來有江戶剖背、京都剖腹的說法。十八世紀，江戶幕府的官員奉命到京都出差，他寫下「若狹（京都府北部的古地名）鰻滋味鮮美，但京都人不是從背部剖魚，而是從腹部剖開」。江戶是幕府的政治中心，境內有許多大名與武士的宅邸。俗說江戶採用剖背的料理法，是為了避免觸碰到武士切腹謝罪的壞兆頭，所以將鰻魚的背部剖開，剔除魚骨後用竹籤串過魚身先烤魚皮，烤熟之後再蒸過一次去除多餘的油脂，最後再沾醬烤，程序非常繁複。

鰻魚飯還有個很有名的說書段子。某個人每天端著飯碗，跑到烤鰻魚攤前面吃白飯配烤鰻魚香氣，鰻魚攤的老闆看他每次來都不消費，向他索取聞烤鰻魚香氣的費用。沒想到這位老兄也是機智過人，他搖了搖腰間的錢包說：「如果聞香氣就要付錢的話，那我就用錢的聲音來付帳吧。」

專精於考究飲食文化的李廼澔老師則提出兩個觀點。一是江戶的料理方法會先將鰻魚蒸過再烤，如果不將竹籤穿過肉比較多的魚背，蒸鰻魚的時候魚肉可能會碎裂。另外，江戶能就近從東京灣取得新鮮的鰻魚，為了不傷及魚的內臟而選擇剖背。京都則距海遙遠，採取剖腹去除內臟的方法來保持鮮度。

原本烤鰻魚只是做為下酒的料理，在十八世紀中期店家開始販賣附白飯的烤鰻魚，最後演變出在熱飯上面鋪烤鰻魚的鰻魚飯。

名古屋招牌美食——鰻魚飯三吃

看到這裡，是否覺得很疑惑？鰻魚飯看起來應該是屬於京都跟東京的傳統食物，怎麼如今提到鰻魚飯，反而是名古屋比較有名呢？這是因為名古屋有新奇好玩又好吃的鰻魚飯三吃文化。據說是源自明治六年（一八七三）創業的老鋪熱田蓬萊軒本店。

根據熱田蓬萊軒本店第五代老闆娘的說法，早期有許多商人跟藝伎喜歡點鰻魚飯，但是回收空碗的時候，疊起來的空碗經常被撞碎缺

關於鰻魚的鄉野傳說

十九世紀初期，京都出版《麻疹噺》，書裡記載了一則關於鰻魚的鄉野傳說。一條罹患麻疹的鰻魚隨著河流游進大阪灣，沒想到這隻鰻魚回到龍宮城之後，竟然把麻疹傳染給龍王的女兒。憤怒的龍王命蝦兵蟹將把這條鰻魚處以切腹之罪，以長槍串過鰻魚的身體趕出京都。

角。第二代店長想到一個妙招，拿大型的漆器裝鰻魚飯，為了避免客人只吃烤鰻魚卻留下底層的白飯，所以想到一飯多吃的食用法。先以飯勺將漆器裡面的鰻魚飯切成四等分，第一塊享用原味，第二塊拌入山葵與蔥花調味，第三塊拿來做成茶泡飯，第四塊則讓客人自己發揮創意。

擁有百年歷史的鰻魚飯三吃，儼然成為名古屋飲食文化的一部分。對名古屋人來說，飲食文化也是一種遊興。獨具創意的新奇料理、有趣的吃法都會引發客戶的玩心，一傳十、十傳百地成為當地的特殊飲食文化。

鰻魚身價大漲，恐成珍稀美食

根據二〇一八年的統計資料，愛知縣的鰻魚生產量約為三千四百噸，其中以西尾市占了八成。這裡原本稱為一色町，因為在一九六〇年代遭受颱風侵襲，許多良田被暴漲的河水淹沒，當地的農民沒有被天災打敗，反而趁機轉型飼養鰻魚。

台灣俗稱白金的日本鰻苗，目前還無法以人工培育，只能仰賴野生撈捕。鰻苗從太平洋誕生後沿著北赤道洋流，流經台、中、韓、日四國。台灣在一九九〇年代曾經是鰻魚王國，外銷六萬公噸，占日本市場的一半。目前則由中國掌握半數以上的鰻魚苗。

根據西尾市一色鰻魚漁會的說法，今年（二〇二三）鰻魚的價格較去年漲了一成，連中國產的鰻魚也因為中國內需市場擴大而漲價。未來想吃美味的鰻魚飯，恐怕要花上更多銀兩了。

名古屋的台灣拉麵

——台灣沒有的滋味——

講到日本的麵食文化，就會讓人聯想到拉麵、烏龍麵、蕎麥麵、流水素麵。其實這些麵食文化都受到中國文化的影響，以烏龍麵與素麵的歷史最悠久，蕎麥麵次之，拉麵則是最年輕的麵食。

遣唐使開啟的中日麵食文化交流

遣唐使除了帶回唐朝的典章制度，也同時將麵粉製成的唐果子帶回日本。其中一項稱為「混沌」，是用麵粉做成團子之後包入內餡煮熟，後來改以「溫飩」稱呼，據說這是烏龍麵的前身。

日本烏龍麵產地首推四國讚岐，當地人相信，平安時代的日本佛教高僧空海大師渡海前往長安學習密宗，同時將烏龍麵的做法傳回日本。但是有學者認為四國居民向來篤信空海大師，為了宣揚空海大師的恩德而穿鑿附會出烏龍麵的故事。就像鄭成功來台隔年即因病死亡，其實沒有離開過台南，但是台灣各地都有鄭成功傳說。

另一種唐果子稱為「索餅」，這是將米粉加鹽搓成繩狀再油炸的點心，據說後來影響了索麵和素麵。

遣唐使出使長安會經過九州西側的五島列島，當地名產五島索麵很類似麵線，相傳也是源自浙江的麵食文化。

雖然烏龍麵、麵線這類精緻麵食很早就傳入日本，但是因為日本當時缺乏石臼，加上精緻麵食的製作方法繁複，所以只在貴族與僧侶之間流傳。

後來因為安史之亂的影響，日本停止派遣唐使，麵食文化的交流一度中斷。

關於蕎麥麵，你一定要知道的是……

日本平安時代後期，日本跟南宋重啟貿易，不少在中國江南的僧侶渡海到日本傳佛法並躲避戰禍，將小麥、石臼等工具及切麵的技術推廣到日本民間。才

從日本到台灣的空海

空海是日本真言宗的開山祖師，後世尊稱為弘法大師。嵯峨天皇將現在和歌山縣的高野山賜給空海做為弘揚佛法的道場，許多日本人相信在高野山修築供養墓，就能夠伴隨在弘法大師的身邊，靜待彌勒佛拯救眾生。高野山的奧之院有許多戰國名將後代或是大企業出資興建的供養墓。在四國稱為「遍路」的參拜巡禮，就是參拜當年空海遊歷的八十八所寺院。

重新開啟日本麵食文化。

根據學者考據，蕎麥在四千年前從原產地的西伯利亞，經過朝鮮半島或是北海道傳入日本。因為蕎麥具有耐寒的特性，愈是貧瘠的土地，愈能長出具有香氣的蕎麥。

關東地區的土壤含有火山灰，比較適合種植蕎麥，蕎麥種植的時間比較早，但是蕎麥麵的時代卻比烏龍麵更晚。

蕎麥粉不像麵粉可以揉出筋，導致蕎麥麵在烹煮的時候比

在台灣有兩個地方跟空海很有緣分，台北西門町的台北天后宮，以及花蓮吉安鄉的慶修院。位於成都路的台北天后宮，在日治時代是供奉空海的弘法寺，二戰之後一度成為禪寺，後來改名為台北天后宮，目前主祀天后媽祖，陪祀空海。花蓮吉安鄉的慶修院，原本是來自四國的日本人移民村的信仰中心，主祀空海、陪祀不動明王與毘沙門天。戰後改為祀奉釋迦摩尼佛與觀世音菩薩，寺院內仍保留著當時象徵四國八十八所的石佛。

較容易斷裂，所以古代吃蕎麥的方法是將蕎麥粉與熱水揉成餅食用。後來經過不斷改良才製造出蕎麥麵。

相傳在德川家康活躍的日本戰國時代，有個來自長野縣的道光庵和尚，非常喜歡鑽研蕎麥麵的做法，弄得寺廟宛如蕎麥麵店。佛教宗派的長老認為他耽誤佛法修行，還在寺前立了「不許蕎麥入境內」的石碑。

據說就是因為道光庵和尚的緣故，許多蕎麥麵店會用庵字命名。到了江戶時代中期，隨著石臼普遍傳入農村，發展出蕎麥粉占八成、小麥粉占兩成做為黏著劑的配方，稱為「二八蕎麥」。並且以蒸麵的方式取代煮麵。

比起精緻的麵條，平民百姓反而比較喜歡製作簡樸又耐煮的麵糊，配合湯汁燉煮入味。因此日本的飲食研究者岡田哲先生認為，日本向中國學習麵食的製作方法，麵食的烹調法卻是日本獨特的發展。

碁子麵？烏龍麵？別再傻傻分不清楚

名古屋介在烏龍麵文化圈與蕎麥麵文化圈的交界點，產生自己獨特的麵條，稱為「碁子麵」。這是一種扁平且帶著淡黃色的切麵，口感類似烏龍麵，但吃起來更滑順。吸著湯汁的麵條從舌尖滑入口中，成為許多饕客的最愛。

關於烏龍麵跟碁子麵的差異，就連古人也搞不清楚。幕末時代的《守貞謾稿》認為名古屋人將平打烏龍稱為碁子麵，江戶則稱為紐革溫飩。現代日本政府頒布的食品表示法，針對乾燥麵條做出規範，麵條的寬幅要在四·五公釐（4.5mm）以上、厚度要在二·〇公釐（2.0mm）以下的麵條才能稱為碁子麵。烏龍麵則是直徑在一·七公釐（1.7mm）以上的麵條。碁子麵注重的是食用時在舌尖的柔順感，烏龍麵則是注重麵條的彈性。

關於碁子麵的由來有數種說法。一說麵條切成扁平條狀，像是將棋用的碁子。一說最早是搭配雉雞肉食用，所以麵條的名字取雉雞的同音字。一說這個麵條可以追溯到出身紀伊國的料理人，從紀州麵變成日文同音的碁子麵。因為麵條是扁平狀，下鍋之後很快就能煮熟給客人享用，一說認為是德川家康命人修築名古屋城的時候，用這種方便易煮的麵條大量煮給工人享用而流行。

現代製作烏龍麵跟碁子麵的做法大致相同，會先加入少許食鹽讓麵團產生筋，口感才會更好，差別在於碁子麵的麵團會壓得更薄並切得較寬。因此也有人稱名古屋的碁子麵屬於平打烏龍麵。不過也有一些店家堅持江戶時代的做法，使用不添加食鹽的麵團，放進鍋中跟味噌一起燉煮。

名古屋麵食之王——台灣拉麵

擁有數百年歷史的碁子麵，卻在千禧年之後銷量直線下滑，產量一度腰斬。將名古屋麵食之王的寶座讓給了台灣拉麵。

所謂的台灣拉麵，是以雞骨與醬油調味的高湯，澆上用絞肉、大蒜、辣椒大火快炒的辣味肉醬與韭菜、蔥、豆芽菜。

為什麼稱為台灣拉麵？因為創始者味仙拉麵的店長郭明優先生的雙親都是台灣人，在日治時代渡海前往日本工作。這是郭先生於一九七二年返回台灣旅遊，在台北龍山寺附近品嘗到台南擔仔麵而靈機一動發明的食物。

擔仔麵以蝦殼熬湯、肉燥做為澆頭，名古屋的台灣拉麵則是以雞骨熬煮的高湯，佐以辣椒、大蒜拌炒的絞肉。

明明台灣不使用辣椒，為什麼名古屋的台灣拉麵以辣味著稱呢？

因為味仙的附近住了很多韓國人，郭先生將台灣的擔仔麵加上韓國人對辣椒的喜好，創造出口味獨特的料理。

加上味仙營業時間到深夜，許多計程車司機、夜班工作者下班之後都能享用，因此一傳十、十傳百，成為名古屋的特色料理。

這種以絞肉、辣椒、大蒜製作的肉醬又稱為台灣絞肉，後來又發展出拌上台灣絞肉的台灣拌飯、台灣義大利麵等獨特料理。

目前郭先生的弟弟、妹妹也傳承台灣拉麵，在日本開了十間分店。店內除了台灣拉麵，還有炒蛤蜊、花枝丸等台灣料理。郭明優先生在二〇二三年三月過世，他生前沒有將台灣拉麵申請專利，而是讓台灣拉麵成為名古屋的飲食文化，任何店家都可以製作台灣拉麵。比起申請專利，不如讓其他店也賣台灣拉麵，更能幫味仙做宣傳，郭先生的想法也是台灣人的豁達精神吧。

名古屋早餐文化

——買咖啡送吐司新吃法——

台灣人的早餐選擇豐富，豆漿店、連鎖早餐店、便利商店，每天都能吃到不同的早餐。東京、大阪這些大城市的上班族因為工作繁忙，通常以吐司跟咖啡果腹，甚至不吃早餐。名古屋卻有著完全不同的風情。名古屋人跟台灣人一樣，非常注重早餐文化。

在名古屋，許多咖啡廳只要點一杯咖啡，就能免費獲得吐司、白煮蛋、花生米當點心，咖啡券還有買十送一的優惠活動。不僅是商業區有咖啡店，就連住宅區都有很多咖啡店，裡面擺著漫畫、雜誌與報紙，就算只是點一杯咖啡聊天，店家也會附上花生米或是柿種當作零嘴。

從敬而遠之到國民飲料——咖啡在日本的奮鬥史

對現代人來說，咖啡跟麵包好像是理所當然的西式早餐。其實咖啡跟麵包在日本曾經被冷落長達百年以上乏人問津。

咖啡在十七世紀初隨著荷蘭商人傳入日本。江戶時代嚴格執行海禁，只有來自中國跟荷蘭的船，能夠前往長崎的港口做生意。當時日本將咖啡視為外國的藥品，具有促進消化、利尿的功能。但是咖啡特殊的味道讓日本人敬而遠之。

一八〇四年，有一位署名「大田蜀山人」的文士，奉命前往長崎登船檢查荷蘭貨船，接受荷蘭船長招待飲用咖啡，寫下「咖啡乃是將豆炒黑磨粉，佐以白糖引用，滋味焦苦難以入喉」的日本第一份咖啡飲用感想。

在講求文明開化的明治時代，鄭成功胞弟的後代鄭永慶先生開設的可否茶館被視為日本第一間咖啡專賣店。

鄭成功的母親田川氏是九州平戶人，鄭成功的弟弟田川七左衛門後來改姓為鄭，選擇留在日本發展。鄭永慶開設的可否茶館是一棟兩層樓的洋館建築，一進門就有娛樂設施撞球桌，二樓則提供咖啡、洋酒、啤酒，並備有撲克牌、將棋與雜誌供顧客使用。

可否茶館透過報紙的宣傳吸引許多文青去嘗鮮，可惜咖啡的熱潮就像曇花一現，沒幾年就關門大吉。但能將「滋味焦苦難以入喉」的咖啡推廣到民間階層，可否茶館實在功不可沒。

大正時代進入咖啡的黃金時期，二戰期間一度衰退，終於在一九六〇年代的高度經濟成長期擴散到全日本，成為日本的國民飲料。

和洋合璧的紅豆麵包，文明開化的象徵

另一方面，麵包早在十六世紀德川家康活躍的年代，就跟天婦羅一起透過葡萄牙商人傳入日本。但是當時日本以米食文化為主流，又缺乏適合製作麵包的小麥粉與酵母。雖是同期傳入日本的西洋飲食，天婦羅成功融入日本飲食文化，麵包則被打入冷宮乏人問津。

直到幕末時代，美國培里准將率領黑船迫使日本開港，日本官員開始著手研究軍糧麵包，並發現麵包有治療腳氣病的功效。民間則有木村安兵衛發揮了和洋折衷的精神，既然拿不到適合的麵包酵母，就從日本人熟悉的日本酒酵母下手，花了六年的時間製造出米麴種麵包與紅豆內餡組合的紅豆麵包。

木村安兵衛經營的木村屋紅豆麵包聲名鵲起，鬆軟外皮加上傳統的紅豆餡，讓許多原本排斥西洋飲食的人不禁豎起大拇指大叫好吃。據說明治天皇賞花的時候，曾經品嘗木村屋的紅豆麵包。讓紅豆麵包成為文明開化的象徵。

大正時代發生了米騷動事件，當時正值一戰期間，由於國際間對米糧需求增加，米價從一九一四年到一九一九年的五年之間漲了三倍，引發日本全國各地暴動。日本開始發展以廉價小麥粉製作麵包來取代米飯的風潮。

咖啡跟麵包在明治大正時代正式被日本人民接受，加上二戰後美國大量銷售麵粉到日本，這兩項飲食就在一九六〇年代登上了日本人早餐的餐桌。

愛殺價的尾張人催生Morning——買咖啡送早餐的濫觴

言歸正傳，尾張人特別喜歡殺價，既然進入咖啡店最少得點一杯飲料當作低消，店家當然要提供額外的附加價值才行。這種獨特的飲食文化稱為「Morning」。

關於這種文化的起源眾說紛紜，一說認為來自一宮市。在一九六〇年代，這裡是紡織業發達的工業區，因為紡織機的聲音太過嘈雜，沒辦法在工廠裡面談生意，紡織工廠的老闆跟業務選擇到咖啡店商談。地方中小企業的老闆經常造訪，店家自然樂意送上優惠來爭取熟客回流，產生了名古屋獨特的買咖啡送餐點的早餐文化。

早餐文化的極度競爭之下，店家無不絞盡腦汁開發新菜單。不但讓顧客自由選擇烤吐司的醬料，在名古屋的榮區，發展出一種名為「小倉吐司」的當地美食。有一說認為起源於名為「滿葉」的甜點店，最早是販賣紅豆餡的和風甜點，隨著大正時代的西洋飲食風潮，店長開始在店裡販賣烤吐司。某天老闆娘看到學生把紅豆善哉的紅豆泥抹在吐司上食用，決定將這種吃法商品化。

日本各地都有使用紅豆湯搭配年糕或麻糬的甜點，稱為紅豆善哉。但是關東的紅豆善哉是沒有湯汁的紅豆餡，關西的紅豆善哉則是帶有湯汁並且使用粒餡。

擁有百年歷史的小倉吐司，目前發展出三種不同的吃法。一種是在奶油烤吐司上面，鋪上一層紅豆泥。為了凸顯紅豆泥的甜味，得特別挑選鹽分比較高的奶油。另一種是做成紅豆泥三明治。還有一種是提供一小盤紅豆泥，讓客人依照自己的喜好來吃，客美多咖啡就是提供這種吃法。

所謂的小倉指的是紅豆餡的小倉餡。紅豆餡主要分成保有顆粒狀的「粒餡」、稍微壓碎紅豆但還保有外皮的「潰餡」；此外還有完全

延伸至岐阜縣的早餐文化

以名古屋為中心點，早餐文化向北延伸至岐阜縣，此地江戶時代也是尾張藩的一部分，對名古屋文化的接受度很高。

岐阜人每逢過年或是喜事，會有吃茶碗蒸慶祝的習慣。岐阜的早餐店為了給來店的顧客驚喜，早餐時段也會準備茶碗蒸。

去除紅豆皮的「漉餡」，類似台灣製作的豆泥。小倉餡則是採用皮不容易煮破且顆粒較大的大納言紅豆加蜜烹煮之後，再加上漉餡的甜點餡料。

根據二〇一八年的統計資料，名古屋市民一年平均花上一萬一千多日圓喝咖啡，是日本所有城市的第二名。名古屋知名的客美多咖啡，在愛知縣就有兩百多家分店，日本全國有九百多家分店，並在二〇一八年於台灣展店，為台灣的早餐文化注入一道嶄新的活泉。

名古屋款待武將隊

——帶動觀光的現代武士——

走訪日本各地的古城，經常會看到身穿鎧甲的武士揮舞長槍或是扇子表演，親切地與觀光客留影合念。這些武士名為「款待武將隊」，他們飾演跟古城有關係的歷史名將，以服務精神款待觀光客，並介紹當地人文歷史。

款待武將隊經常被認為是次文化的角色扮演，但他們是真心投入自己扮演的歷史人物，認為自己是四百年後重新回到人間的武將本人，有新成員加入時會使用「降臨」一詞，如果成員畢業則稱為「升天」，十分有趣。

全盛時期在日本全國各地同時有六十幾組款待武將隊，首先創造風潮的就是名古屋款待武將隊。

立足名古屋、放眼全日本——氣勢十足的起點

在日本遊客的心中，名古屋向來被視為日本最無聊的城市。根據日本觀光廳的調查結果，名古屋在二〇一八年的旅客住宿人數總計一七〇一萬人，位居日本第十名。只有商務旅館的住宿率高於全國平均值，顯示名古屋只是用來商務出差，或是旅客旅行的中繼站。

款待武將隊的靈感，來自當時任職於廣告代理商三晃社的堂原有美小姐。因為日本有許多名聲顯赫的戰國大名都是出身愛知縣，而且

武士是世界各國都知曉的日本文化符號。堂原小姐向全國的博物館收集各種資料，決定要以「武將觀光」為賣點來促進地方觀光。

二〇〇九年正逢名古屋城築城四百週年活動，名古屋市打出「武將都市名古屋」的口號，使用日本中央政府提供的「故鄉雇用再生特別基金」，委託三晃社舉辦為期半年的名古屋款待武將隊活動。成員除了戰國三英傑的織田信長、豐臣秀吉、德川家康，另外還有名古屋出身的前田利家、加藤清正、前田慶次，共計六名戰國武士，再加上四名足輕（基層士卒）。

戰國三英傑是終結日本戰國時代，將日本帶進和平江戶時代的天下霸主。前田利家是一手打造金澤的戰國大名，加藤清正則是建設熊本的戰國大名，在金澤跟熊本都有供奉他們的神社。而前田慶次是象徵自由奔放精神的武將，在小說與漫畫的影響下受到民眾喜愛。以這六個歷史上的名將為主角，有立足名古屋、放眼全日本的氣概。

從乏人問津到引起風潮——戰國武將的魅力

名古屋款待武將隊原本只是為期半年的觀光活動，發表會當天，台下都是活動相關人員，完全沒有任何民眾自發性到場聲援。雖然一開始沒受到民眾關注，但是他們熱心地在名古屋城與遊客互動、親切地介紹歷史，博得大眾的好評，活動也得以持續延長，目前正式脫離名古屋市獨立營運。

這種以歷史古城為據點，組成款待武將隊來吸引觀光客的做法，其他城市立刻跟進。目前仍維持與已經解散的款待武將隊，合計超過一百隊以上。

根據三菱ＵＦＪ銀行的調查，名古屋武將隊成軍十年的時間，為名古屋市帶來觀光客高達兩百萬人次，經濟效應高達兩百一十億日圓。並曾經遠赴台灣、義大利、墨西哥、泰國、紐約、上海表演。

除了武士文化，另外結合了日本固有的忍者文化，打造出跨越語言隔閡的 Samurai & Ninja Festival。

日本全國各地款待武將隊營運預算，大約是一年五千萬日圓左右。名古屋款待武將隊的平均費用約為七千萬日圓，仙台市的伊達武將隊則為三千萬日圓左右。

款待武將隊的成員大多是二、三十歲的年輕人，由具備舞台經驗的劇團演員或是模特兒擔任，並且必須具備一定程度的鄉土史知識。

以觀光的角度來看，比起觀光客的人數，更注重觀光客的消費金額。走馬看花的觀光模式只能帶來門票與一頓餐食的經濟效益。如果能轉化成體驗型的觀光模式，讓觀光客留宿，可帶來住宿、飲食、交通、娛樂等收入。估計能帶來四倍以上的效益。如果能吸引外國觀光客訪日，效果更佳。根據日本觀光廳在二〇一七年的統計，外國觀光客的旅行支出平均是本國觀光客的五倍。

根據地方政府的統計，會留宿的觀光客占所有觀光客的三成左右，留宿者的日均消費金額大約三萬四千日圓，當日往返不留宿者約八千日圓。

大獲成功靠用心經營

除了商業效果，也能期待心理層面與文化層面的正面效果，藉由地方限定的武將隊，提升城市的知名度、帶動在地青年創業發展。對於鄉土史的教育、國際交流都有貢獻。看似簡單又一本萬利的企畫，為什麼許多款待武將隊不得不解散呢？當初日本許多地方政府仿效名古屋的例子，以中央政府提供的補助金委託營運款待武將隊，但是補助金停止之後，許多地方的款待武將隊也因為經費不足不得不停止活動。

名古屋款待武將隊之所以能夠成功，正是因為他們不斷經營自己的品牌形象，並且透過社群媒體的力量持續連繫過往的熟客。除了年節期間放假，每天都會有武將隊的成員在名古屋城境內與觀光客互動。為了持續讓日本全國旅客關注名古屋武將隊，他們經常前往日本各地的機場舉辦活動。

為了持續維持名古屋款待武士隊的熱度，他們經營 YouTube 官方頻道，定期講解戰國時代的歷史，或是帶著觀眾一起走訪名古屋境內的大小景點及有名的店家。名古屋武將隊有專屬 LINE 官方帳號，定期公布活動訊息。足輕在 TikTok 發表足輕舞蹈的影片，也獲得了十萬人以上的按讚數。在地方電視台節目、廣播節目都能看到他們的演出，甚至還發行過寫真集、唱片、舞台劇。

關於名古屋款待武將隊的成功，三晃社總結了幾個重點。一是打從心裡徹底化身為歷史武將。二是為觀光客提供了「武將的世界」。

三是無論刮風下雨，只要去名古屋城就能見到名古屋款待武將隊。六位歷史武將與四名足輕，每個人都擁有自己專屬的人物設定，有自己的個性跟專門磨練的表演技藝。

根據名古屋款待武將隊隊長的說法，他們今後的目標是成為名古屋的招牌，就像講到大阪會想到吉本新喜劇、談到寶塚就是寶塚歌劇團。能夠抱持這麼宏大的理想，也許真的是戰國武將降臨到現代吧。

日本各地的款待武將隊

款待武將隊結合日本傳統的款待（おもてなし）文化，以及出身鄉里的戰國武將，是行銷地方觀光的重要資源。

有別於商業交易的服務精神，款待是發自內心對賓客提供服務、饗宴，追求賓主盡歡的行為。一說出自地方居民自發性提供食宿給宗教朝聖者的行為。

日本在二〇〇三年申辦奧運時，法日混血的主播瀧川克莉絲汀小姐向國際奧會陳述日本自古以來的「款待」精神，成為日本成功申奧的功臣。款待一詞也成為日本年度流行語。

日本重視「鄉土愛」精神，款待武將隊的成員一定要跟當地的歷史有關連。例如仙台的「奧州．仙台款待集團伊達武將隊」，成員包含建設仙台的伊達政宗、渡海前往梵蒂岡覲見教宗的支倉常長。長野縣的「信州上田款待武將隊．真田幸村與十勇士」，則是出身上田的真田幸村，以及民間傳說中服侍真田幸村的忍者。以上兩組武將隊都曾經來台灣宣傳觀光。

近年來日本流行探訪古城，在日本各地的古城還有熊本城款待武將隊、福岡款待武將隊。二〇二三年八月五日舉辦的日本足球聯賽，邀請名古屋款待武將隊、越後上越上杉款待武將隊，與藝人松平健一起在五萬多名觀眾前表演，再次將武將隊的魅力展現給日本全國觀眾。

第三部

笑說東京

從江戶時代的「將軍膝蓋」，
到傲視全球的Mega City

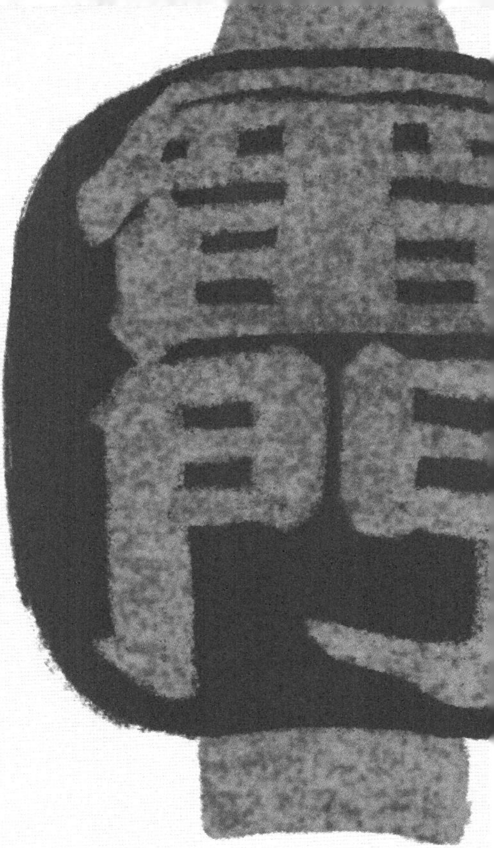

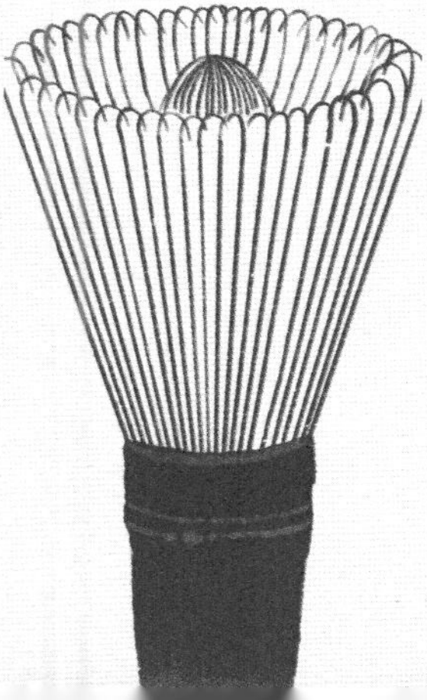

十人十色的江戶

——參勤交代奠定東京發展——

東京是日本政治、經濟、文化的中心，人口超過一千三百萬。但誰能夠想像，在五百五十年前的戰國時代前期，這裡只有一個被溼地與蘆葦包圍，名為江戶城的小城砦，東邊是河岸與沼澤地，西邊是武藏野台地。江戶能發展成人口超過千萬的巨型城市，必須要歸功於戰國三英傑的德川家康。

發跡於名古屋附近的德川家康，曾經臣服於豐臣秀吉的麾下。當時豐臣秀吉為了削弱德川家康與故鄉的連結性，刻意將德川家康轉封到關東平原。德川家康接受豐臣秀吉給予的挑戰，帶著旗下一萬家臣團來到被溼地包圍的江戶，就連給家臣居住的住宅地都不夠。德川家康積極發展排水工程、河川改道，擴展城市腹地。開挖城市所需的飲用水供給網，建立可供千萬人居住的環境。

豐臣秀吉過世之後，以江戶為根據地的德川家康受朝廷任命為征夷大將軍，開設江戶幕府統領天下所有武士。從家康的時代開始歷經了四百年多年的發展，才蛻變成如今世界知名的東京。其中影響江戶發展最大的重點，就是「參勤交代」。

幕府將軍與大名的角力

在德川家康開設江戶幕府之前，日本歷經長達四百年的武家時代。

條條大路通日本橋

江戶幕府為了強化對各地的控制，從德川家康的時代開始，幕府整備江戶通往各地的主要幹道，稱為「五街道」。這五條大道都是以江戶城外的日本橋為起點，有通往東北地區的「日光街道」、「奧州街道」，通往山梨縣、長野縣的「甲州街道」，以及自古以來聯絡京都與關東的海線與山線兩條大道：經過神奈川、靜岡、愛知、三重、滋賀、京都的街道為「東海道」；經過埼玉、群馬、長野、岐阜、滋賀、

朝廷官派的地方官勢力一落千丈，取而代之的是在各地擁有軍權與實際統治權的武士，其中擁有廣大領地的武士稱為大名。幕府將軍身為武士的領袖，具有管理天下大名的正當性。大名擁有地方的實質統治權，如果幕府將軍喪失威信與統御力，大名可能無視將軍的指揮，甚至掀起動亂。將軍與大名如何互相制衡與互補，成為江戶時代發展的重要課題。

江戶時代的大名號稱有

京都的街道為「中山道」。

幕府每隔一里（約四公里）設置石碑，在街道兩側種植松樹並設置驛宿，利用駿馬傳遞情報、監控旅人與物資進出，同時讓旅人能投宿歇腳。東海道設有五十三個驛宿，從京都傳達緊急軍情要換馬五十三次，故稱為東海道五十三次。最靠近日本橋的四個驛宿稱為江戶四宿，分別是東海道上的品川宿、甲州街道的內藤新宿、中山道的板橋宿、日光街道的千住宿。這些地方現在仍是東京的交通樞紐。

三百家。依照大名與將軍的親疏遠近，分為三大類。首先是跟德川將軍家有血緣關係的大名，稱為親藩大名。德川家康受朝廷任命為征夷大將軍之前，曾經打了一場決定天下局勢的大戰，稱為關原之戰。在關原之戰前就臣服德川家康的大名，稱為譜代大名。戰後才歸順德川家康的大名，則稱為外樣大名。

親藩大名是德川將軍家的血親，坐鎮在日本各地輔佐將軍統治日本。譜代大名的領地大多位在關東平原與東海道，雖然領地的經濟力與兵力不多，經常擔任幕府的重要職位，幕府將軍藉由下放權力但控制經濟力的統馭方法，避免譜代大名獨攬大權。外樣大名的領地通常遠離江戶，位在東北、四國、九州等地，領地的經濟力與兵力較多，為了避免他們造反，將軍對他們的監控也特別嚴格。

如何督促大名專心治理領地，又要避免養虎為患，江戶幕府想出「參勤交代」這個辦法。

參勤交代的執行方法

治理各地的大名必須履行義務，每隔一年前往江戶城下的宅邸向幕府將軍效忠，這個行為稱為「參勤」。在江戶城下的宅邸參勤一年之後，與其他大名交接參勤的工作再返回自己的領地，稱為「交代」。

德川幕府對天下大名賦予參勤交代的義務，不但可以督促大名專心開發領地，也能借長途跋涉的費用消耗大名的財力，促進江戶的經濟發展。

參勤交代的制度，從德川家康開始，歷經祖孫三代才完成制度。

德川家康打贏關原之戰、受朝廷任命為征夷大將軍並開設幕府，位在關東的大名主動前往江戶參謁將軍，甚至自願將妻小留在江戶城充當人質，藉此向德川家康表示效忠。

到了家康兒子，第二代將軍德川秀忠的年代，命人催促天下大名提交人質並且定期前往江戶參勤。當時德川秀忠的姪子松平忠直獲封福井的領地，但是他好幾次都以生病當理由，拒絕前往江戶向將軍參勤。為了殺雞儆猴，德川秀忠強制命令姪子交棒給下一代，並將姪子外放到九州反省過錯。各地大名看到幕府將軍一視同仁的強硬手段，越發戰戰兢兢不敢違抗幕府的命令。

到了德川家康的孫子，第三代將軍德川家光的年代，幕府正式明文規定各地的大名必須前往江戶參勤的義務。除了擔任特殊職位的大名，其餘大名得進駐江戶一年，隔年回到領地督促政務。總括來說，江戶時代的三百藩有半數待在江戶，半數則留在領地。

江戶幕府號稱三百藩，這些大名的財政力與家格差距非常懸殊。當時的領地經濟力以百姓上繳的年貢做為基準，位在金澤的加賀藩前田家，領地的年貢收穫量高達百萬石，也有年貢收穫量僅有一萬石的大名。

所謂輸人不輸陣，心高氣傲的大名為了展現領主的威嚴可說煞費苦心，從領地出發或是抵達江戶的時候，大名不惜花大錢雇用臨時工來維持盛大的軍容。

加賀藩前田家在參勤交代需動員近四千人，從金澤經過現在的新潟縣，再往南邊穿過關東平原前往江戶，一趟路要花上十三天。即使四千人有一半是臨時招募來充場面的，剩下半數的兩千人從金澤到江戶的吃住交通，換算起來也高達五億日圓以上，平均來說占了各藩每年財政收入的百分之五到十。

甚至有些財政困難的小藩，不惜向富商借貸金銀來維持排場。不時上演富商帶人向大名攔路討錢的奇特情況。

參勤交代對各地大名來說，是沉重的財政負擔。但是對江戶幕府來說，不但可以削減大名的財力，還能促使物產流通。

來自日本各地的大名，帶著領國的特產品與大批家臣進駐江戶，估算起來有高達四十萬人進駐江戶。四十萬人的生活物資，不可能從領地全數帶到江戶的宅邸，更不可能花費高額的運費定期從領地運送到江戶。無論是食材、服裝所需的布料、家具與建材，都得透過江戶的商人採購。許多日後影響日本政治與經濟的財閥，就是在參勤交代制度積攢巨額資金的大商人。例如三井集團的前身，是在江戶以越後屋做為商號的和服店。高級百貨公司「三越」，便是取自姓氏三井與商號越後屋。

除了豪商，江戶的工匠與百姓同樣受惠於參勤交代。到了十八世紀初期，江戶的人口數高達百萬，超越同時期倫敦的八十六萬人、巴黎的五十四萬人。百萬人有將近半數是武士，導致男女比例懸殊，影

荷蘭商人也要參勤交代

江戶時代推行鎖國政策，只允許荷蘭跟中國商人能進入日本做生意，近年歷史學界提倡以海禁取代鎖國。明明在戰國時代，葡萄牙商人可將戰爭需要使用的鉛與硝石賣到日本，加速日本統一，為什麼到了江戶時代反而只有荷蘭人能在日本做生意？

戰國時代，改信天主教的大名將土地獻給教會，交換西洋的軍火與貿

易。九州的大名將長崎獻給耶穌會，間接變成葡萄牙掌控的軍港，引起豐臣秀吉、德川家康的警戒。此時信仰新教的荷蘭東印度公司也來到日本，打著只做生意不傳教的原則，取代葡萄牙商人得到幕府的信賴。終於在一六三九年，江戶幕府正式驅逐葡萄牙商船，只允許荷蘭與中國商人在長崎港內人工造陸的城鎮「出島」居住與經商。

一六三〇年代，荷蘭東印度公司的貿易利益有七成來自日本與台南的貿易，居中以日本白銀換購中國生絲，並將東南亞與歐洲的商品賣到日本獲取大量利潤。

鄭成功將荷蘭商人趕出台南之後，日本成為荷蘭東印度公司重要的貿易據點。為了維持跟幕府的友好關係，居住在出島的荷蘭商館長官必須前往江戶覲見將軍，提出海外局勢報告書《阿蘭陀風說書》與禮物。

荷蘭商館長官的參勤交代受到嚴格監控，途中不可隨意跟日本人來往。進入江戶之後，才允許在江戶參府的大名、學者、醫生等，可以跟荷蘭人接觸。西洋醫學和科學都在江戶時代透過荷蘭人傳入日本，故稱為「蘭學」。

響花街遊廓文化的興起。加上武士老爺們沒有生產能力，上至宅邸修繕，下到編織草鞋，為江戶百工製造了許多工作機會。就算是沒有一技之長的百姓，靠著搗米砍柴等體力活也能賺取生活費。來自日本各地的大名，為了負擔旗下武士在江戶的生活，領地財政歲收幾乎要花上一半在江戶。

參勤交代不但穩定了江戶時代中央與地方的權力平衡，間接創造和平的時代，更促進了江戶的經濟發展。各地大名前往參勤沿途對旅宿的需求，帶動宿場、街道的建設，構築日本全國的陸運網，對經濟與文化的交流都帶來了正面的影響。

「江戶仔」的個性

——從男人真命苦到烏龍派出所——

日本列島因為地形破碎，加上長達六百年以上的武士時代，發展出各地獨有的文化與民風。相較於驕傲自律的京都人、捨華取實的名古屋人，被稱為「江戶仔」的老東京人具有什麼特質呢？

江戶時代的參勤交代，或是現代的勞動人口流動，讓許多外地人搬進江戶，也就是現代的東京。所以並不是住在江戶的男兒都能稱做「江戶仔」。江戶的男性有一半是武士跟僧侶，這些人的文化與氣質跟職業有關。只有在江戶超過三代的人，特別是住在「下町」的人，才能稱為「江戶仔」，大概占江戶人口的一成左右。

下町的淵源可以追溯到德川家康開設江戶幕府。江戶城的西側是地勢較高的武藏野台地，這裡大多是武士宅邸區，稱為山手。東側低窪地區則稱為下町。目前環繞東京市的山手線，一開始是鋪設於山手地區而得名。

在江戶時代有一本書這麼形容江戶仔：「水道汲水作產湯，推窗能見城金瓦，萬金如同零錢使。」前兩樣是形容江戶仔的生長環境，因為德川家康進駐江戶的時候，就鋪設了完善的飲用水與排水系統。金瓦象徵住在城池附近。最後一項則是形容用錢大方絕不小氣。

江戶仔的個性

江戶全盛時期號稱有百萬人口，男女比例非常懸殊，即使是德川家康開創江戶幕府的一百年後，男性的比例仍高達六成五，一直到明治維新的年代才逐漸降到五成。

許多單身男子進駐的大城市，住宿就成了一大問題。當時的江戶採取棋盤式建築，以大型道路的交叉點做為分界點，設有木門管理宵禁。大型道路之間的每個區塊則稱為町，鄰近大型道路的房舍做店鋪使用，中間的區塊設置許多長屋，出租給民眾居住。

這種小巷長屋面積狹長，經常分隔成六至七個房間出租，類似現代雅房的概念，稱為「棟割長屋」。住在長屋的江戶仔常說自己住在「九尺二間」，也就是寬九尺約二七〇公分、深兩間約三六〇公分，大約十平方公尺。推開木門進入長屋，首先是一塊約三坪的泥土地，架設簡單的爐灶跟水甕；內側的木製地板上面放置五斗櫃跟矮屏風，做為居住空間；木造隔間幾乎沒有隔音效果。

因為城市規畫已經先鋪設好供水系統，每個街町都有水井連接供水系統，居住在長屋的居民不用費力挑河水。共用垃圾堆放處、廁所等公共空間，必須養成資源回收與團體生活的習慣。

想要住進長屋的人，必須向房東提出身分證明。房東就像是長屋的監護人，無論是夫妻吵架或是孩童教育都要關心。房東將公共廁所的水肥販賣所得當作公共基金，用來準備逢年過節的搗麻糬大會。長屋可以說是充滿人情味、講求鄰里互助的居住空間。因為有這樣的生活環境，江戶仔往往喜歡多管閒事，急公好義又重視人情味。

江戶仔沒有存錢的觀念，因為手藝好的職人每天都有工作上門，加上參勤交代來到江戶的武士眾多，需要很多雜工協助生活跟販賣物資，即使是沒有一技之長的懶漢也能靠打零工過活。無欲無求的江戶仔只要工作半個月，就能夠養得起老婆孩子，所以才能養成不留隔夜財的豁達心境吧。

總括來說，除了不留隔夜財，江戶仔講求骨氣、品味、人情義理。杉浦日向子的著作《一日江戶人》整理了江戶仔的特性：江戶仔經常衝動購物、就算欠一屁股債也要請客招待朋友、急性子說話快；看起來對打扮不用心，其實有自己的講究；沒有心機跟城府，情緒波動很大，看到旁人有困難絕對不會袖手旁觀；不擅長跟異性交往，經常陷入單戀；喜歡講無聊的笑話；直腸子把謊話當真；容易感動落淚。有趣的是，在不同時代，江戶仔的代表人物也不盡相同。

從助六到阿寅與阿兩

江戶時代的江戶仔，以歌舞伎劇目《助六由緣江戶櫻》的男主角花川戶助六為代表。日本的歌舞伎等大眾娛樂，為了避免政治不正確遭到官府查禁，經常將著名的歷史事件二次創作成全新故事。《助六由緣江戶櫻》是改編自鎌倉時代曾我兄弟為父報仇的歷史故事。

花川戶助六是江戶最有品味又帥氣的俠客，頭綁紫色頭巾，身穿黑色和服，手上拿著一把蛇目傘。為了尋找亡父的寶刀「友切

曾我兄弟復仇

江戶時代為了維持治安與社會秩序，對武士訂定許多規範。如果產生紛爭，一律要向官府報案，請求司法裁決，嚴禁雙方私鬥，違反者無論對錯都要接受處罰，稱為「喧譁兩成敗」。

為了維持武士尚武的精神，如果父兄或主君遭到殺害，子嗣與下屬能以復仇的名義申請私鬥，順利討伐仇人就能名揚天下，受到武家的重用。日

本有三大復仇事件為人津津樂道，分別是曾我兄弟復仇、赤穗浪士忠臣藏、鍵屋之辻決鬥。曾我兄弟復仇最受歡迎，而且不會有影射當代政治的問題，多次被改編為能劇、歌舞伎。

故事描述在鎌倉時代初期，年幼的曾我兄弟的父親，因為領地繼承權問題遭到工藤祐經殺害。曾我兄弟長大之後決定為父報仇，但工藤祐經這時已成為鎌倉幕府將軍源賴朝身邊的寵臣，兄弟兩人遲遲找不到機會復仇。

直到源賴朝為了訓練旗下武士的武藝，在富士山麓舉辦狩獵比賽。傳說曾我兄弟趁夜潛入殺父仇人工藤祐經的營帳附近，卻因為瀑布聲音太大，兩兄弟聽不清楚對方的聲音。神明被他們的孝心感動，瀑布突然變得悄然無聲，後人遂稱這座瀑布為「音無瀑布」。

曾我兄弟殺入工藤祐經的營帳，發揮武藝斬殺十名隨從，終於順利為父報仇。但是哥哥曾我十郎在復仇行動中身亡，弟弟曾我五郎事成之後潛入源賴朝營帳被捕。源賴朝得知事情來龍去脈，非常佩服曾我兄弟的孝心與武士風範，但為了維持幕府的紀律，最終還是決定將弟弟曾我五郎斬首。

丸」，助六每天晚上都到吉原花街找人打架，想盡各種辦法逼人亮刀決勝負。

有個白髮白鬍的富豪名為意休，想要強逼吉原的花魁揚卷為妻。所謂英雄配美人，助六挺身而出為揚卷解圍，甚至還百般羞辱意休，要逼他拔刀決勝負。幾經波折之後，意休終於忍不住拔出腰間的寶刀友切丸，要殺助六滅口。助六順利打倒殺父仇人，奪回父親的寶刀，並在揚卷的協助下逃過重重追兵，發誓一定會回來與揚卷重逢。

助六擁有男子氣概、不畏懼強權、服裝與舉止又有品味，可以說是江戶仔的完美典範。

順道一提，日本便利商店常見的豆皮壽司跟壽司捲的組合，稱為「助六壽司」，就是來自這個典故。豆皮需要先炸過，日文稱為「揚」，加上壽司「卷」，正好就是助六的情人——花魁揚卷。

隨著時代進入戰後一九六〇年代的經濟成長期，江戶仔的形象又從瀟灑完美的助六，轉變為電影《男人真命苦》裡面不擅表達又富人情味的阿寅。

阿寅的故鄉是葛飾柴又，其實在江戶時代並不屬於江戶的範圍，嚴格來說阿寅不算江戶仔。但葛飾柴又在現代則是東京都的一部分，所以才有阿寅在劇中自陳：「我在葛飾柴又出生長大，用帝釋天的泉水做產湯，是個道地的江戶仔。」

昭和大明星渥美清飾演的阿寅，外表看起來憨厚樸實沒半點帥氣，個性急躁喜歡逞派頭。他是到處漂泊的叫賣攤商，靠著三寸不爛之舌遊走江湖，在心儀的女子面前卻沒辦法好好表達自己。最後總是為了成全對方的幸福而退出。

同樣身為江戶仔，阿寅雖然不像助六那麼完美，不過阿寅的缺點讓他更有人味。這種內心纖細舉止粗魯、為人著想又不擅言詞的特質，更符合昭和男子踏實且內斂的個性吧。

除了阿寅，還有另一個人代表一九七〇年代後期日本進入經濟成熟期的江戶仔。他就是漫畫《烏龍派出所》的兩津勘吉——阿兩。他住在東京下町的淺草，從小就打架鬧事，非常富有同情心。江戶時代有句老話「打架跟煙火是江戶之花」，無論是助六、阿寅或阿兩，都延續了這個傳統。

有別於阿寅在緊要關頭的溫吞，阿兩面對任何事情都勇往直前，反映出泡沫經濟時代對於未來的樂觀。阿兩非常執著於金錢，每次都因為貪婪而搞砸事情，反而讓自己負債累累。這也是江戶仔「不留隔夜財」的反面表現法吧。

從江戶到戰後的昭和，直到泡沫經濟的平成，江戶仔展現出各種不同的形象。不知道令和時代的江戶仔，又會是怎樣的風貌呢？

柴又帝釋天與守夜習俗

柴又帝釋天是東京都葛飾區的日蓮宗寺廟，正式名稱為「經榮山題經寺」。寺廟裡面供奉日蓮宗開山祖師——日蓮上人在木板上雕刻的佛教神祇帝釋天，故而得名。

雕刻帝釋天的木板曾經一度遺失，後來在江戶時代中期一七七九年的庚申日，於寺廟的梁上重現天日，因此跟江戶時代盛行的庚申信仰產生連結。

庚申信仰源自中國的道教，傳入日本之後融入當地文化。傳說人的體內有三屍蟲，在庚申日的夜晚會向天神報告此人犯下的罪行。如果在庚申日的晚上守夜不睡，三屍蟲就沒辦法向天神打小報告。因此當地百姓會在庚申日傍晚打著燈籠，來柴又帝釋天守夜。隔天帶著寺內湧出的泉水回家。

這個泉水稱為「御神水」，電影《男人真命苦》的主角阿寅出生時就是用柴又帝釋天的泉水洗澡。

北齋漫畫

——江戶的市井百態——

漫畫長期以來被視為難登大雅之堂的通俗娛樂，如今卻成為日本政府向海外宣傳「酷日本」政策的重要支柱，成為扛起日本經濟的重要支柱。

根據日本全國出版協會的統計，二〇一九年新冠疫情爆發前，紙本加上電子媒體的日本漫畫總銷售金額為四九八〇億日圓。在疫情期間每年突破六千億日圓，並在二〇二二年創下六七七〇億日圓的驚人數字。除了平面媒體的漫畫，更具娛樂效果的動畫風潮颳向全世界，經濟規模在十年間翻了兩倍，從二〇一一年的一．三兆日圓飆升至二〇二一年的二．七兆日圓。

日本的漫畫，背後到底藏著什麼樣的歷史脈絡？

引領日本漫畫的曙光

日本被稱為漫畫大國，其實背後有數百年以上的深厚歷史。如果要追尋日本漫畫的起源，目前有兩派說法。一是平安時代流行的繪卷物，其次是江戶時代的藝術家葛飾北齋創作的《北齋漫畫》。

八世紀的奈良時代，佛教藝術畫卷《繪因果經》傳入日本，描繪釋迦前世修行到今生悟道的故事。平安時代中止遣唐使之後，日本宮廷繪師與名剎的僧侶結合日本自身的王朝文學、高僧傳說，開始繪製日本自創的畫卷「繪卷物」。顧名思義，這是由右向左開的畫卷，圖畫的故事帶有時間與空間的流動感。

現存的日本國寶四大繪卷物，都是距今八百年前的藝術品。包含講述《源氏物語》故事的《源氏物語繪卷》、寺廟開山宗師以神通力傳法的《信貴山緣起繪卷》、平安時代的皇城大門發生火災，背後隱藏著政治鬥爭故事的《伴大納言繪卷》，以及收藏在京都高山寺、以動物擬人化來諷刺人生百態的《鳥獸人物戲畫》。

《鳥獸人物戲畫》分為甲乙丙丁四卷，是全長共計四十四公尺的巨大繪卷。

其中以甲卷最有名，描繪擬人化的兔子與青蛙比賽相撲、射箭，兔子扛著樹枝追打猿猴等生動圖案；另外有穿著袈裟的猴子向端坐在佛桌的青蛙誦經，諷刺佛教淪為形式的諷刺畫。

乙卷則是描繪身邊常見的牛馬雉雞等動物，以及傳說中的靈獸。

丙卷前半段描繪市井小民下棋、賭博，或是兩人將繩子掛在耳朵上拔河的嬉戲場景；後半段則是擬人化的動物騎著野豬、搭乘牛車吹奏樂器舉辦祭典的圖畫。

丁卷沒有擬人化的動物，而是記載平安時代人們拔河、騎馬射箭等活動。

相較於另外三幅國寶繪卷，《鳥獸人物戲畫》不依附於文化或歷史故事，屬於原創作品的諷刺漫畫，被一派研究漫畫的學者認為是日本漫畫的濫觴。

《鳥獸人物戲畫》不使用墨色，採用白描法，描繪動物與人們活靈活現的樣子。最著名的甲卷沒有任何草稿或是修改過的痕跡，顯示這是繪師一氣呵成的渾身力作。推斷為十二世紀平安時代末期到鎌倉時代初期的作品，早年認為這是僧侶鳥羽僧正覺猷所繪製，目前則以宮廷繪師或是寺廟的佛繪師繪製的考證較為有力。

雖然《鳥獸人物戲畫》已經具備諷刺漫畫的雛形，但在當時是貴族與僧侶才有機會鑑賞的藝術品。除了僧侶以佛教故事的繪卷物向百姓傳播佛法，一般平民百姓無緣觀賞這些藝術品。真正能夠深入民間廣泛流傳的藝術品，應該是江戶時代由於民眾對娛樂需求高漲而生的浮世繪。

江戶時代的浮世繪

浮世繪是描繪世間百態，蘊含市井小民喜怒哀樂、生活習慣、風土民情的通俗藝術，透過江戶時代的印刷術廣泛流傳到民間。

「浮世」最初是佛教用語，用來形容苦多樂少、充滿迷惘的塵世，因此也寫成「憂世」。到了十八世紀和平繁榮的江戶時代，浮世一詞擺脫宗教觀念，轉變為活在當下、無憂無慮隨波逐流的涵義。

浮世繪之祖是岩佐又兵衛，他是跨越十六世紀戰國時代到十七世紀江戶時代初期的繪師。傳說他的父親是織田信長麾下的將領荒木村重，因為父親舉兵反叛織田信長，導致家族慘遭滅門。荒木村重父子幸運地逃過一劫，父親荒木村重成為著名的茶師，兒子岩佐又兵衛在寺廟接受繪師的訓練。

岩佐又兵衛學習的是當時流行的大和繪、水墨繪等技術，但是他選擇將創作的目光放在市井的生活百態，為大名、豪商繪製藝術品。晚年前往江戶成為町繪師，將原本只有貴族、僧侶等上流社會才能欣賞的藝術創作，帶進民間傳播到富商階層。

岩佐又兵衛最出名的傑作是「舟木本」的《洛中洛外圖屏風》。日本的藝術家向來有針對相同題材重新創作的習慣，京都篇介紹的上杉本《洛中洛外圖屏風》是以十六世紀室町時代的貴族、武士生活為主。岩佐又兵衛繪製的舟木本則仔細描繪十七世紀初，京都商家店鋪內陳設的商品、職人製造扇子的模樣、日本商人與外國商人一起漫步在街道、町眾簇擁著神轎舉辦祭典的社會樣貌。他的作品中經常描繪市井百姓隨著音樂起舞的模樣，又被稱為「浮世又兵衛」。

十七世紀後期的菱川師宣，據說

深受武士喜愛的大和繪與水墨繪

戰國武士的宅邸或是城池設計，具有強烈的內外之分。用來會客或是舉辦儀式的公共空間，主要以金碧輝煌的大和繪做裝飾。書齋或是個人空間，則以含有禪意的水墨繪做裝飾。

日本中斷遣唐使之後，在文學與美術領域摸索出屬於自己的審美感。有別於中國傳入的「唐繪」，日本的「大和繪」帶有日式風格的獨特美感，特別著重描繪四季變化、月相盈缺的景色，講求靜謐優美的構圖之中，深藏著感嘆世事虛幻無常的寂寥感。

戰國時代為了彰顯武士的權威，大和繪特別喜歡使用金泥、金箔、銀箔，或是以青金石為原料的群青色。乍看之下壯麗無比，細

受到岩佐又兵衛的影響，專門描繪美人圖，以「回眸美人圖」奠定美人繪的範本。同時他將原本只是小說插圖的木刻版畫，變成獨立發售的單張作品，影響世界的浮世繪終於在此時誕生。這種單色印刷的浮世繪稱為「墨摺繪」，類似清代

看則能感受到四季變化與寂寥。

另一方面，比起戒律嚴明的佛教宗派，講求頓悟的禪宗受到武士的歡迎，講求餘白、墨色濃淡之美的水墨繪，讓武士能夠靜思沉澱心靈。講求金碧輝煌的大和繪，與留白之美的水墨繪，看似互為兩極的藝術風格，成為武士外在行為與內在精神的象徵。

描繪京都風貌的《洛中洛外圖屏風》是大和繪的傑出作品，目前有五十多件同樣題材的藝術品，其中有兩件被歸類為國寶。一件是狩野永德繪製，由上杉家珍藏至今而命名為「上杉本」。另一件是岩佐又兵衛繪製，由舟木家珍藏的「舟木本」。此外還有歷史博物館收藏的「歷博本」、池田家流傳的「池田本」。

章回小說插圖。

只有單色印刷的「墨摺繪」很快就無法滿足百姓的期待，遂發展出將紅花製成的顏料以肉筆添加朱色的「丹繪」。肉筆是指繪師用畫筆上色的技法，雖然精緻但無法大量生產。隨著社會大眾的需求愈來愈高，出版商研發了以紅色、綠色為主的三色套版印刷，稱為「紅摺繪」。最終於一七六五年發展出多色套印的「錦繪」。

受惠於印刷技術的發達，許多擁有才能的浮世繪師紛紛嶄露頭角，包含了影響歐洲印象派美術的葛飾北齋。

北齋漫畫

葛飾北齋出生於一七六〇年的葛飾郡，如今這裡是東京墨田區。他在十九歲拜入勝川春章門下，以「勝川春朗」為名出道。起初跟著師傅繪製歌舞伎演員的「役者繪」。師傅過世之後，他在三十六歲轉投琳派，接著在三十九歲自立並改名為北齋，最終以九十歲高齡逝世。他畢生換了三十次筆名，被譽為浮世繪代表畫家，不過鮮少人知道，他被認為是日本漫畫始祖之一。

葛飾北齋在一八一二年出版《略畫早指南》，教導學生如何運用圓形與方形畫圖。兩年後的一八一四年，五十五歲的北齋以「隨意所致漫然繪圖」的心境，創作《北齋漫畫》做為繪圖的教科書。原本只打算出一本書給門生做參考，因為繪畫充滿幽默感，出版後受到廣大民眾歡迎。北齋有生之年總共出版到十四篇，在他過世三十年後的一八七八年，出版商整理北齋尚未發表的遺稿，加上弟子織田杏齋的作品，發行了第十五篇。在第十五篇，可以明顯感受到北齋與弟子在繪畫功力上的差異。

一百多年前《北齋漫畫》使用的技法，影響現代日本漫畫與動畫。

以細點來描繪石雕的厚重感，宛如現代漫畫的網點。並率先推廣西洋繪畫的遠近法與消失線的概念。漫畫中武士練習長槍、學習騎馬的連續動作，如同現代動畫的分鏡。

完成《富嶽三十六景》的〈神奈川沖浪裏〉、〈凱風快晴〉等作品隔年，七十五歲的北齋自抒：「六歲開始養成描繪事物的癖好，半百之後多次發表作品，其實七十歲以前的創作毫無可取之處。人生直到七十三歲才稍稍參透禽獸蟲魚的骨骼與草木生長。若能活到八十六歲應該能精進技法，九十歲窮究極致，一百歲達神妙境界。願長壽之神能垂憐眷顧。」

如果沒有北齋對藝術的堅持與追求，日本就不會有漫畫王國的美稱吧。

歌舞伎與落語

——東京的傳統庶民娛樂——

江戶時代是經濟繁榮的和平時代，靠著參勤交代的經濟紅利，江戶產生了許多一擲千金的豪商，促進娛樂產業的發展。當時有三個日營業額高達千兩的商業活動，分別是娛樂活動、花街、魚市場。對於百萬江戶居民而言，娛樂活動是生活不可或缺的點綴。在江戶時代早期以歌舞伎為主，後期則發展出更面向庶民的落語文化。

供富裕階層娛樂的歌舞伎

從字面上來看，歌舞伎似乎是一種結合歌唱、舞蹈、演藝的表演藝術。其實歌舞伎語源來自戰國時代的流行文化，當時將奇裝異服且特立獨行的人稱為「傾奇」。歌舞伎則是來自傾奇的同音別字的標記。

歌舞伎的始祖出雲阿國，她女扮男裝穿著華麗，明明是跳著當時流行的念佛舞踊，脖子上卻掛了一條十字架項鍊。她率領一眾表演者，巡迴日本各國向民眾募資修建神社。

由於劇團有許多年輕貌美的女性藝人，經常跟觀眾衍生出男女問題，嚴重影響到武士的風紀。原本睜一隻眼閉一隻眼的官府，最後頒布法令，歌舞伎只能讓已經通過成年禮的男子表演，發展出男性演員飾演女性角色的「女形」演出。

成年男子要自然流露出女性的嬌媚氣質，可不是一件簡單的事情，需要經過許多千錘百鍊。儘管是男兒身，上台的時候從心態到舉手投足都要化為女性，詮釋出苦楚惹人憐愛的模樣。據說在明治時代飾演女形的第三代尾上菊次郎，為了要詮釋遊女在冬夜苦等情郎的深情與苦楚，在上場前不惜將自己的雙手泡進裝滿冰塊的水盆裡面。

歌舞伎的拿手絕活稱為「十八番」。源自江戶時代晚期的歌舞伎演員第七代市川團十郎，襲名第五代市川海老藏的公演劇目，將十八個劇目制定為家藝代代傳承下去，其中就包含了第一代江戶仔助六的《助六由緣江戶櫻》。

歌舞伎經常被視為非常封閉的表演藝術，因為在歌舞伎長達四百年的歷史裡，以家的體系代代相傳藝能。為了讓藝能延續下去，歌舞伎的精妙奧義不是理所當然地傳授給師父的親生兒子，而是在門下弟子選擇優秀者，或是從其他歌舞伎世家收養子繼承。

這些歌舞伎演員非常受到歡迎，演出的薪資也非常優渥，甚至有年薪高達千兩的役者，換算成現代的貨幣是年薪破億。但在江戶時代，這些藝能創作者被認為是體制外的漂泊者，即使家財萬貫，在人前還是得謹慎小心。

江戶時代分為士農工商四個階級，從事皮革、屠宰、喪葬、清汙的人則不屬於四民之內，他們住在河邊，被稱為「河原者」，受到階級歧視。歌舞伎一開始在河原搭建小屋表演，而且歌舞伎演員也不屬於四民階層，因此被蔑稱為「河原乞食」。一直要到明治維新之後，明治天皇與皇后欣賞歌舞伎演出，歌舞伎的地位才真正大幅提升，目前已成為日本引以為傲的傳統藝術。

在江戶時代，庶民能夠接觸的表演藝術除了歌舞伎，還有人偶劇的人形淨琉璃。人形淨琉璃類似台灣的布袋戲，以一到三名操偶師操縱人偶，搭配三味線與台詞演出。其實人形淨琉璃的起源較早，但是舞台與表演方式的限制較多，不適合讓許多觀眾一起欣賞，歌舞伎則成功克服了這個問題。

歌舞伎與人形淨琉璃為了博取觀眾的注目，經常將當時的重大事件改編為戲曲演出，例如赤穗浪士忠臣藏事件結束的十二天後，就被改編為戲劇搬上舞台演出。兩者既是競爭對手，也是互相支撐傳統表演藝術的夥伴。劇本的內容從古代英雄故事的「時代物」，逐漸轉變為訴求江戶市井小民都能產生共鳴，以人情冷暖為訴求的「人情物」，後來成為落語的重要主軸。

讓平民階層又笑又淚的落語

落語類似單口相聲，擅長以靈活的表情變化與肢體語言，逗得觀眾笑中帶淚，這是比歌舞伎還要貼近庶民百姓的表演文化。表演落語的劇場稱為「寄席」，在江戶時代晚期的一七九八年，首度於

赤穗浪士忠臣藏事件

江戶時代第五代將軍德川綱吉的年代，發生了震撼整個江戶的赤穗浪士事件。

治理赤穗的藩主淺野長矩，奉命在江戶城接待來自京都的朝廷敕使。沒想到淺野長矩竟然在江戶城內拔刀，砍傷負責指導接待儀式的高家旗本吉良義央。高家是家格尊貴的武士，執掌重大典禮的禮儀規範，旗本則是直屬將軍的武士，有資格覲見將軍。

在江戶城內拔刀砍人，是藐視將軍權威的重罪，加上此時朝廷敕使就在江戶城內，這場流血衝突讓將軍顏面盡失。將軍命令淺野長矩切腹自盡，並且決定沒收赤穗藩的領地，導致赤穗藩旗下的武士變成無主浪人。

日本素來有「喧譁兩成敗」的習俗，如果發生流血事件，無論是非曲直，雙方都要接受懲罰。赤穗藩主切腹自盡，高家旗本吉良義央卻沒有受到任何懲處。這引起赤穗藩的武士群情激憤，要求幕府懲罰吉良義央與重建淺野家。

赤穗藩的家老大石內藏助以大局為重，他說服血氣方剛的激進派武士冷靜下來，先接受幕府的懲罰。想辦法遊說幕府將軍讓淺野長矩的弟弟重新繼承赤穗藩。主張報仇的激進派，痛斥大石內藏助是軟弱無能之人。然而大石內藏助榮辱不驚，只是默默籌措資金安頓浪人們的生計。

事情過了一年之後，眼見幕府將軍沒打算讓赤穗藩重建，也沒懲處吉良義央，當時喊著要報仇的激進派武士，不少人已經磨滅了志氣。大石內藏助帶領真心想為主君報仇的忠義之士共計四十七人，在已故主君淺野長矩的忌日殺入吉良義央的宅邸，斬下仇敵的頭顱弔慰已故的主君。最後幕府將軍命令這些赤穗浪人切腹自盡。

赤穗事件本質上是仇殺事件，但是大石內藏助以整個藩的未來著想，先約束眾人不逞一時血氣之勇，直到重建淺野家的訴求無法實現之後，才動用武力討回應有的公道，並在事後恪守武士的禮節，帶領眾人靜待幕府的裁罰。此舉在講求武士道與儒家忠義精神的年代，獲得江戶百姓與其他武士的讚揚，因此被稱為「赤穗義士」。

後人稱此事件為「忠臣藏」，一說「藏」字代表大石內藏助，一說是忠臣聚集的意思。

江戶立足。

在京都以關西腔為主的落語稱為「上方落語」，在東京以江戶腔為主的稱為「江戶落語」。目前以江戶落語為主流。新生代歌手米津玄師以落語的「死神」為發想，創作出同名歌曲，再一次帶動人們對落語的關注。

寄席的表演分為白天場跟晚場，分別是四個半小時左右，落語表演大概在十五到二十分鐘，也有長達一小時以上的長篇故事。除了落語，還會夾雜魔術、剪紙、綜藝等表演，隨時買票進出都沒問題。落語的經營成本比較低，觀眾的花費也比較低廉。

寄席依照表演者區分不同等級與收費，當日票一般是三千日幣可以看四個半小時，也有學生優惠、銀髮族優惠等划算的折扣，觀眾可隨時依照手頭的預算欣賞落語表演。寄席每隔十天更換一次節目表，一張票可以消磨四個小時的時間，還能看到各種表演，經濟實惠又能滿足平民百姓的娛樂需求。

落語的表演者又稱為「噺家」，他們穿著和服坐在高台的坐墊上，手持扇子與手巾講述故事。一開始通常會閒話家常做為開場，切入正題之後一人分飾多角，以不同語氣聲調與細微動作變化來詮釋故事的出場人物，以扇子跟手巾來模擬各種動作，特別是落語師以扇子代替筷子，口中發出各種不同聲音模擬吃麵時的細微動作，唯妙唯肖堪稱一絕。

江戶落語的主角通常是江戶仔的寫照。劇中人物往往年紀老大不小卻很孩子氣，經常賣弄小聰明把事情搞得更複雜，看似不懂圓滑處世的道理卻能夠直指問題的核心，粗心大意鬧出許多笑料。

落語的內容分為江戶時代的古典落語，以及大正時代之後發展的新作落語。

古典落語起源於和平的江戶時代，故事裡面沒有窮凶極惡的壞人或是不幸的悲劇，而是引人共鳴的人情冷暖，例如講述夫婦愛的《芝濱》、父母為了替孩子取名而傷透腦筋的《壽限無》，這一類稱為「人情噺」。

或是讓觀眾在捧腹大笑之餘體會人生的滋味，這一類稱為「滑稽噺」，例如《死神》描述一個人意外學會驅趕死神的咒語，並以名醫的身分招搖撞騙，最後因為自己的貪婪而一步一步走向陷阱。

反映江戶人情味的古典落語《芝濱》

山手線濱松町車站附近沿海地區，古代稱為芝濱，是江戶時代的重要魚場。古典落語《芝濱》描述名為阿勝的賣魚商人，經常因為喝酒沒有節制導致隔天宿醉，耽誤做生意的時間，只能跟妻子住在長屋，過著貧困的生活。有一天，阿勝的妻子趁天還沒亮，早早就催他去芝濱的魚市場批貨。阿勝抽著菸斗等待魚市開張的時候，在海邊撿到一袋金子。欣喜若狂的阿勝立刻拋下工作買酒喝個爛醉。

隔天酒醒之後，阿勝怎麼都找不到那袋金子。阿勝的妻子嘲笑他喝酒喝到做白日夢。阿勝翻遍整個長屋都找不到金子，在妻子面前掛不住面子，決定戒酒努力工作，終於在三年之後積攢資金買下店面做生意。

後來妻子在除夕夜向阿勝表白，原來她擔心丈夫侵占遺失物被問罪，與長屋房東討論之後，決定趁著阿勝宿醉的時候把金子送到官衙。沒想到過了三年都沒人來認領，官衙把金子送回給阿勝的妻子。

拿回金子的阿勝心中百感交集，不但沒有責怪自己的妻子，還鄭重向妻子道歉。浪子回頭金不換，阿勝的妻子貼心地為丈夫斟酒。當阿勝端起酒杯要喝的時候，突然又放下杯子說：「別喝了。免得酒醒之後發現幸福只是一場夢。」表達夫婦互相扶持的溫馨感情與江戶仔的幽默感。

落語師一人分飾兩角，細膩地表達妻子的苦心與阿勝前後的心境轉變，夫婦鬥嘴與長屋的人情味，深深觸動江戶百姓的心。《芝濱》也成了除夕最應景的落語段子，百年來一直受到民眾的喜愛。

這些古典落語經過數百年的傳承，大約有八百個以上的故事，想全部聽完可能得花三年以上的時間。

每位落語師大概擅長數十個故事，透過他們琢磨出的個人風格，讓同一個故事在每個人口中每次都能帶來不同感受。拜師學藝的新人住進落語師的師父家中，跟著其他前輩一起學習藝能，師父除了傳授技藝也供徒弟吃住，是非常注重傳承的一門傳統藝能。

落語的故事以人情義理為主，落語師又精於詮釋各種表情，落語的文化滲透到電視劇與綜藝節目，也常看到許多落語師擔任日劇的重要配角。

落語師立川談志先生曾說，落語是對人類業障的肯定。藉由落語裡面天馬行空的故事與俏皮話，觀眾綜觀悲歡離合的人生百態。比起視覺效果強的歌舞伎，落語雖然看似走下坡，但是落語的精神早已成為日本文化的一部分。

辰野式建築

——串起東京與台北——

談到台灣的日式建築，除了鋪設榻榻米的傳統木造房舍，也包括引自歐洲建築風格的洋風建築。特別是公家機關廳舍、銀行、車站、醫院，大都使用洋風建築。更讓人驚奇的是，東京車站的建築風格，竟然跟台北的總統府非常相似，兩者到底有什麼淵源呢？

辰野金吾與東京車站

日本政府高官在明治時代初期前往歐洲視察，對歐洲雄偉的石造與磚造建築讚嘆不已，認為這是先進大國的象徵，回國之後成立工部大學校造家學科，也就是現在的東京大學工學部建築學科，並且聘請英國建築師喬賽亞．康德（Josiah Conder）任教。

出身佐賀縣的辰野金吾是第一屆學生，受到教師喬賽亞．康德的薰陶。完成學業後以首席畢業生的身分公費留學英國，進入建築師威廉．伯吉斯（William Burges）的事務所實習。回國之後將英國所學的知識融合自己的想法，開創出辰野式建築風格。

他在英國留學四年。回國之後擔任工部省的公務員，兼任工部大學教授。他非常注重教育傳承，參與現今工學院大學的設立，日後成為東京帝國大學工科校長，並任建築學會會長，可說是明治時代建築界的大老。後來他辭去教授工作，開設民間事務所，是民間個人建築設計事務所的先驅。

辰野氏建築採用英國維多利亞時代的哥德式風格，加上許多裝飾性強烈的塔樓與圓頂設計，遠看像是戴了一頂皇冠。紅磚建築裝飾白色花崗岩飾帶，展現出優雅且穩重的氣氛。

在日本政府加速西化的年代，辰野金吾的建築風格受到官方的青睞。為了展現明治維新政府的威信，辰野金吾以鋼筋建築為本體，搭配紅磚做為裝飾，打造高三層樓全長三三五公尺的東京車站，力求兼具氣派與實用性。在車站完成的九年後，東京發生了嚴重的關東大地震，許多建築物倒塌造成災害，辰野金吾設計的東京車站卻能毫髮無傷，成為東京復興的希望。

東京車站看似英式建築，其實藏了許多日本與亞洲元素在內。目前東京車站丸之內站體的中心點正對日本皇居。中央玄關的門平時不開放，因為這是專供日本皇室使用的入口。車站頂部是優美的半圓拱設計，頂端鋪設銅板瓦。入口設有車寄，這是興建於建築物出入口外側，具有屋頂可以遮風避雨的門廊建築，可讓日本皇室的馬車直接移動到玄關口。門面的廊柱採用希臘神殿常用的多立克式廊柱，大門門扇則是做成軍刀形。

東京車站的南北兩側供民眾使用，大廳天花板採用穹頂結構，頂端以圓形的車輪狀裝飾，描繪著象徵「旅人的喜悅」的鐵線蓮花，往外側延伸出的八角形，每個頂點裝飾抓著稻穗的猛鷲，展現出日本打贏日俄戰爭之後的民族自信感。八角形對應的廊柱頂端，對應著十二生肖的八種動物，缺少正北的鼠、正東的兔、正南的馬、正西的雞。在辰野金吾的故鄉，佐賀縣的武雄溫泉樓門二樓，正好有這四個生肖象徵的動物。

台灣的辰野式建築

辰野金吾未曾來過台灣，但在台北、台中、台南都有紅磚建築搭配白色橫飾帶，以及半圓拱、塔樓、古典立柱組合的「辰野式建築」。包含監察院（台北州廳）、台中州廳、台灣文學館（台南州廳），其中最具代表性的建築物就是凱達格蘭大道上的總統府（台灣總督府）。這些建築與辰野金吾的兩個學生長野宇平治、森山松之助有密切的關係。

長野宇平治出身於雪國的新潟縣上越市，個性溫順寡言。在一八九三年從帝國大學工科大學畢業後，設計和洋折衷建築的舊奈良廳舍而嶄露頭角。

和洋折衷建築是融合西洋建築外觀與日本木造建築技術的風格，外觀乍看之下是西洋建築，建築物的牆壁則使用傳統的雨淋板，並且在屋頂、玄關、雕刻裝飾等細部採用和風元素。最常見的便是採用唐破風屋頂，這是傳統日本寺廟或天守閣用來象徵權威的建築風格。

這類和洋折衷建築在明治維新之後曾經一度流行，在十九世紀末期逐漸式微。因甲午戰爭戰敗，台灣在一八九五年割讓給日本，在日治時代初期建造過數棟和洋折衷建築，例如第一代台北郵局，可惜目前已不復存在。

天守閣與唐破風

天守閣是流行於十六世紀日本戰國時代的建築，設置在城池的中心地帶，以雄偉高聳的樓閣彰顯城主的威信，並且兼具瞭望塔、儲存軍備物資的實用功能。

戰國時代與江戶時代的城池，大多因天災倒塌或遭到拆毀。目前遺留下來的天守閣經常被視為日本城的象徵。

以世界遺產姬路城為例，姬路城興建在標高四五・六公尺的小丘上。天守閣的底座稱為天守台，是高一四・五公尺、由人工搭建的石壁台座。天守閣的結構則有三一・五公尺高。從平地眺望姬路城，宛如從台北市中心眺望圓山大飯店一樣令人感到震撼。

天守閣做為統治權的象徵，屋頂採用歇山頂或懸山頂構造。兩側裝飾雕刻華麗的博風板（日文稱為「破風」），用來保護支撐屋頂的桁條不會受到雨雪的侵蝕。

天守閣使用的破風大多呈人字形。唐破風則是中央拱起、兩側稍微凹陷的圓弧形設計，是裝飾性較高、用來彰顯身分地位的建築設計，多用於城池、寺廟、神社等地位崇高的建築物，世界遺產姬路城、二條城、西本願寺，都能看到唐破風。台南武德殿的入口也是採用唐破風。

關於唐破風的名稱由來，一說認為來自中國的卷棚出檐。但是因為古代日本習慣將唐宋時代傳入的器物冠上「唐」字，衍生出風雅的含意。一說唐破風雖然帶有唐字，但是屬於日本獨特的建築風格。

隨後長野宇平治成為日本銀行技師，在老師辰野金吾薰陶下鑽研古典主義建築，設計日本銀行在各地的建築物。東京的日本銀行本館、京都的舊日本銀行京都支店、舊日本銀行小樽支店，都是他的作品。

另一位辰野金吾的學生，名為森山松之助。他是日本外交官的兒子，但是父子關係淡泊。森山松之助從小由姑姑扶養長大，姑丈是有名的大企業家五代友厚。森山松之助攻讀東京帝國大學工科大學建築學科，比長野宇平治晚四年畢業，論輩分要稱呼長野宇平治為學長。

相較於長野宇平治樸實沉默的個性，森山松之助則是天生浪漫。他因為愛上遊廓（風月區）的藝伎，在花街一擲千金，遭父親斷絕父子關係。後來投靠身為齒科學校校長的血脇守之助，為他設計宅邸與校舍。

當時擔任台灣民政長官的後藤新平，與血脇守之助都是醫科背景出身。某次後藤新平拜訪血脇，對森山松之助的設計讚不絕口，推薦森山松之助來台灣發展。長野宇平治與森山松之助這兩個學長學弟，意外在台灣的總督府競圖大賽產生交集。

日本統治台灣之後，長期以清朝的布政使司衙門做為臨時台灣總督府。日本政府為了在台灣宣示文明開化的企圖心，打算興建全新的總督府廳舍。在當時的民政長官後藤新平的提案下，採取公開懸賞競圖的方式招募設計案，如此既能獎勵學術，也能透過競圖來遴選最好的設計圖。經過一九〇六年、一九〇七年的兩次審查，原本呼聲最高的設計圖，與荷蘭海牙國際法庭相似度太高而遭受質疑。最後決定一等獎從缺，二等獎則頒給長野宇平治。

雖然長野宇平治獲得二等獎，但他的設計圖對辦公空間數量的規畫不足，加上需求增加，必須增建附屬建築物。實際上，總督府廳舍的最終設計圖是由時任總督府營繕科技師的森山松之助，以長野宇平治的設計案為藍圖，進行了大幅度修改。除了將建築物高度從六層樓改為十一層樓，外觀設計也更為華麗。主結構以鋼筋混凝土，混合磚造承重牆。建築外表看似紅磚建築，其實是在外層鋪設名為「化妝煉瓦」的裝飾用磚，打造出華麗且足以宣揚政治影響力的辰野式建築。

森山松之助來到台灣之後，設計了現在常被用來拍攝婚紗攝影的公館自來水博物館，以及辰野式建築的總督府、台北州廳、台北專賣局，還有半磚造與半木造的台北鐵道部、北投公共浴場。從辰野金吾到森山松之助，辰野式建築意外串起東京與台北的連結與緣分。

天婦羅與握壽司

——從小吃進化為佳餚——

壽司的日文包含「酸味」的含意。根據江戶時代的文人新井白石在《東雅》的解析，壽司（すし）的第一個字為醋的意思，第二個字為助詞。用飯與鹽保存魚肉，因熟成時產生酸味而得名。

後來漢字傳入日本，人們改用鮓、鮨、壽司等字來稱呼。一般來說，關東地區經常用「鮨」，原意其實是以鹽醃漬的海鮮類內臟。關西地區則多用「鮓」，原意是發酵熟成的魚肉，還有江戶時代中期開始使用、帶有吉祥含意的「壽司」。

握壽司的前輩

根據考據，壽司原本是起源於東南亞稻作地區，使用發酵方法來長期保存食物的技術。八世紀奈良時代的文件記載，將魚肉放在鹽跟煮熟的米飯之間醃製，讓乳酸菌自然發酵的「熟壽司」，做為各地上繳朝廷的賦稅。滋賀縣的鮒壽司還保持這種傳統製法，先花費數十天用鹽醃製魚肉，刷去多餘的鹽之後，將米飯與魚肉層層堆疊在木桶裡，放置一到兩年熟成。

熟壽司帶有強烈酸臭味，食用時只吃魚肉而不吃米飯。織田信長為了接待盟友德川家康，命麾下重臣明智光秀設宴款待。傳說明智光秀精心準備鮒壽司，織田信長卻誤以為光秀用了不新鮮的食材而責打明智光秀，導致明智光秀日後發動本能寺之變弒殺織田信長。

其實織田信長殞命本能寺之變的一百多年前的十五世紀，就已經發展出將魚肉發酵時間縮短到四至五日的做法，稱為「生成（生熟）壽司」，意思是魚肉尚未完全發酵的壽司。

這種做法在十六世紀末期的慶長年間流傳於民間，當時在日本傳教的耶穌會教士編撰的《日葡辭典》就有記載生成壽司。

隨後發展出用酒、醋加速發酵的速成做法，在一夜之間就能完成，稱為「早壽司」或「一夜壽司」。日後還發展出將醋飯放進木盒子裡，上層鋪上魚肉壓實定型的「押壽司」

十七世紀後期，江戶出現壽司專門店，主要以販賣熟壽司與生成壽司為主。到了十八世紀中期，速成做法的押壽司開始在市集販售，就像夜市讓顧客任選裝盒的大眾壽司。一說是在十九世紀前葉的文政年間（一八一八—一八三〇），兩國的壽司店老闆華屋與兵衛發明握壽司，不須等待發酵，也不需要以重石或木箱壓實，只需要將醋飯與魚肉捏在一起即可，既快速又美味，立刻受到急性子的江戶仔的歡迎。發展出江戶以握壽司和卷壽司為主流，而關西以押壽司和散壽司為主流的壽司文化。

江戶的握壽司

壽司的熟成時間，從需要幾個月甚至到兩年的熟壽司、需要四到五天的生成壽司，發展成使用醋來一夜完成的早壽司。製作的形式則有壽司料與醋飯捏合的握壽司、放在木盒壓實的押壽司、以海苔包覆的卷壽司、油炸豆皮包覆的稻荷壽司、將各種食材放在醋飯上的散壽司。加上日本各地使用當地食材製作的鄉土壽司，可以稱得上是千變萬化的飲食。

由於東京是日本文化向外傳播的中心，加上江戶時代後期以握壽司為主流，導致許多外國人講到壽司就聯想到江戶前壽司，或是誤以為江戶前壽司就是握壽司。

所謂的江戶前壽司，最早是為了跟流行於京都、大阪的上方壽司做區別，因此以江戶城前的海「江戶灣」為名，使用江戶灣捕捉的水產所製作的壽司。

隨著時代的發展，江戶前的範圍從原本的江戶內海，擴大到神奈川縣的三浦半島至千葉縣房總半島之間的海域。使得江戶前的定義愈來愈模糊，在日本全國各地都有標榜江戶前的壽司店鋪。

壽司的好壞，講求壽司料、醋飯，以及壽司的捏法。關於江戶時代的傳統壽司料，《守貞謾稿》與《細撰記》記載配料以玉子燒、鮑魚、鮪魚、明蝦、蝦鬆、星鰻、盤仔魚、窩斑鰶、銀魚、章魚、竹筴魚、鯖魚等江戶的河川與東京灣捕抓的漁獲為主。十八世紀的《黑白精味集》將當時常用的漁獲分為上中下三級。有趣的是，目前最受歡迎的鮪魚竟然被列為下等魚。

因為江戶時代缺乏冷藏技術，魚肉主要是用醋醃製保存，但是鮪魚肉不適合醋醃，適合用醬油醃製脂肪較少的赤身。目前被視為高檔食材的大腹（TORO）因為容易腐敗而被視為劣等品，甚至是想餵貓都會被貓嫌棄的食材，現在則因為漁業與冷藏技術發達，成為饕客最愛的上等貨。

醋飯使用的米飯稱為「舍利」，來自釋迦摩尼的佛舍利的典故。要使用黏性較小、香氣較淡、帶有光澤且顆粒渾圓的米比較合適。因為新米的黏性比較強，最好是以新米混合陳米。古代還有專門煮飯的師傅，稱為「舍利屋」。

壽司醋則是以醋、鹽、糖調和之後，淋在煮好的米飯上面，以飯勺攪拌，日文稱為「飯切」。攪拌的時候不能損傷飯粒，而且過度攪拌會讓舍利的口感變得黏膩。

早期的壽司是使用赤醋，但是日本在二戰之後食糧短缺，市場上一度只有風味較差的淡褐色配給米，加上日本曾經從緬甸進口有毒的黃變米，導致饕客對赤醋調味的醋飯敬而遠之。所以目前主要以白醋為主流。研究美食的李廼澔指出，曾經一度式微的赤醋重新受到矚目，在部分壽司店可以享用到赤醋與白醋兩種醋飯。

準備完美的醋飯與壽司料，接下來就要考驗壽司師傅的技巧。最常見的技法是先用左手取壽司料，右手中指、無名指、小指，取一口大小約十五公克的醋飯捏成卵型，順勢用右手食指抹山葵沾在壽司料上，再放上醋飯。以右手食指在醋飯中央按一個凹陷的氣孔，此時左手的手指將壽司料與醋飯握捏。手腕輕巧一轉，將壽司轉成壽司料在上、醋飯在下，右手食指在壽司料上輕輕按壓成型，動作講求乾淨俐落。

德川家康因為吃天婦羅而死？

在東京如果想要吃油炸的美食，通常會想到炸天婦（麩）羅與日式炸豬排吧。雖然這兩樣食物都是將食材裹上麵衣或裹粉以下鍋油炸，但是天婦羅屬於和食，江戶時代的武士就能享用。日式炸豬排則是洋食，要等到二十世紀初期大正時代至昭和時代初期才吃得到。

在德川家康正式進駐江戶的五十多年前，天婦羅料理就隨著天主教傳入日本。當時正值地理大發現的年代，耶穌會傳教士搭乘葡萄牙商船在一五四九年抵達日本九州傳教。「天婦羅」這個名稱，一說是來自葡萄牙語的「Tempero」，意思是烹調；一說來自「Temporas」，意思是基督教的四旬節，因為齋戒期間禁止吃肉，葡萄牙船員改吃炸魚。

傳說德川家康的死因，是因為吃了天婦羅而引發食物中毒。在十六世紀的史書《元和年錄》，與十七世紀幕府命人編撰的《武德編年集成》，都有提到類似的紀錄。但是考究當時的飲食文化，德川家康吃的是芝麻油炸真鯛魚肉，上面撒上韭菜調味的料理，炸魚肉沒有裹麵衣。而且德川家康是在三個月後過世，與炸魚肉沒有直接關係。因此有一說認為德川家康本來就罹患胃癌，吃了油膩的炸魚肉之後，導致病情更加惡化。

可能是因為江戶時代禁止百姓信仰基督教，天婦羅與葡萄牙人的關係逐漸被淡忘。加上江戶時代普遍利用胡麻油來炸食物，因此江戶時代的文獻紀錄大多寫成胡麻炸。關於天婦羅的語源產生另一種說法。十八世紀後葉的天明元年（一七八一）前後，有個名為利助的大阪浪人來江戶賣胡麻炸，為了招攬生意所以請文人山東京傳為他另外想個響亮的名字。

因為放逐的日文寫成「逐電」，反過來唸跟「天竺」的發音相同，山東京傳以天竺浪人漂泊至此賣炸物為典故，取天（Ten）與漂泊（Furari）的諧音取名為天婦羅（Tempura）。

但是實際考證歷史典籍，會發現日本改年號為天明之前，料理書《黑白精味集》就有記載天婦羅的烹調方法。所以大阪浪人利助的故事應該是文人穿鑿附會的創作。

天婦羅從銅板美食變成江戶高級料理

無論天婦羅的由來何者為真，在天明年間江戶街頭陸續出現寫著天婦羅的看板，江戶灣的海鮮——明蝦、星鰻、烏賊、貝柱——被廣泛當作天婦羅的食材。但是在江戶時代，天婦羅被定位為攤販小吃，因為炸天婦羅需要用到高溫的熱油，處理不當容易引起火災。江戶以木造建築為主，最怕發生火災。天婦羅一串四文錢的便宜價格獲得民眾的好評，可以說是江戶時代的銅板美食吧。江戶時代的飲食比較清淡，很多人吃不慣油炸的天婦羅。店家提供蘿蔔泥讓顧客解膩，因此現在吃天婦羅都會附上一盤蘿蔔泥。

原本是武士的隨從、商家見習的夥計愛吃的平民美食，後來連愛面子的武士都不惜裹著頭巾來吃天婦羅。到了十九世紀初期，吉兵衛在日本橋南側開始賣起高級天婦羅，帶動旁邊蕎麥麵店的生意，開創天婦羅搭配蕎麥麵的飲食文化。其他店家為了標榜自家的高級天婦羅與眾不同，使用「金婦羅」這種貴氣閃閃的名稱，一說這是用蕎麥粉做麵衣，一說是用太白粉拌高價的蛋黃做麵衣。隨著蛋價愈來愈便宜，以蛋黃製作的金婦羅顯得沒那麼高貴，也逐漸退出了歷史舞台。但就算是以天婦羅聞名的店家，也只能在店外設置攤位炸食材，直到明治時代才將炸鍋放在店內。

提到天婦羅的歷史，應該不少台灣人會感到困惑。為什麼東京的天婦羅跟基隆天婦羅長得不一樣？為什麼有些店家會用「甜不辣」來稱呼呢？

以東京的觀點來看，天婦羅就是將海鮮或蔬菜裹上麵衣油炸的料理。另外有一種名為「薩摩炸魚餅」（薩摩揚げ）的料理，是九州鹿兒島縣的鄉土料理，將魚肉打成魚漿再混合豆腐、蛋、鹽、糖、切碎的蔬菜等調味料，揉成橢圓形再油炸的食物。其實跟台灣人熟悉的基隆天婦羅做法非常相似。

傳說薩摩炸魚餅是薩摩藩主島津齊彬發明的食物，所以在東京冠以薩摩之名。但是在關西也稱為天婦羅。日治時代有許多九州人來台灣任官，包括島津齊彬一手栽培的西鄉隆盛之子——西鄉菊次郎。菊次郎曾經擔任宜蘭廳長，留下築堤治水的紀錄。也許是因為這個緣故，台灣也把魚漿製成的油炸料理稱為「天婦羅」，日後借用同音字寫成「甜不辣」。

壽喜燒與拉麵

——文化交流誕生的美食——

如果問觀光客喜歡什麼日本美食，應該很多人會提到拉麵、豬排丼、壽喜燒之類的食物吧。特別是壽喜燒跟拉麵，分別在一九六〇年代與千禧年後成為象徵日本文化的符號。

日本歌手坂本九的金曲〈昂首向前行〉在美國以〈Sukiyaki 壽喜燒〉為歌名，奪下一九六二年告示榜三週冠軍。拉麵則透過漫畫《火影忍者》紅遍世界。

但是跟日本千餘年的歷史相比，這些食物只有一百多年的歷史，而且是將外國傳來的食物重新改造成適合日本人口味的美食。接下來讓我們聊聊壽喜燒與拉麵的發展。

長達千年的肉食禁令

遠古的狩獵時代，住在日本列島的人們為了生存而狩獵吃獸肉。隨著社會型態進入農耕時代，加上佛教傳入日本，天武天皇在六七五年下詔頒布《殺生禁斷令》，禁止食用牛、馬、猴、雞等動物，改以魚貝獲取蛋白質。通說認為日本維持了長達一千多年不吃肉的文化。其實這個說法有問題。應該說原則上農村與城鎮的百姓不吃牛、馬等四足動物。

古代的日本是以村落、城鎮為中心的群體社會，不會輕易食用牛、馬、犬這些對村落有助益的動物。但是要說古代日本人不吃肉，那也不盡然。

貴族、武士階層不能公然違反天皇頒布的命令，在宴請賓客的公開場合皆以魚肉、雉雞肉等不違反命令的食材為主；私下則以獲得「藥食」為名，舉辦圍獵取得獸肉。例如在江戶時代治理琵琶湖東側

古代日本人長不高只是因為不吃肉？

長期以來，日本人因為身材矮小，被譏稱為「小日本」。根據人類學家的研究，日本成年男性的身高在六世紀的古墳年代晚期為一六三公分，但是到了十九世紀的江戶時代末期，竟然降到一五五公分。從營養學的角度來看，認為天武天皇因為信奉佛教，在七世紀頒布肉食禁令，導致日本人缺乏動物性蛋白質，是影響日本人身高變矮的主因。

確實動物性蛋白質對於青少年的生長發育非常重要，但是將身高變化完全歸咎於肉食禁令似乎過於武斷。日本各領域的研究者針對此議題，發表不同的論點。一說認為日本人是繩文人跟彌生人的後代，繩文人在一萬多年前陸續從亞洲

彥根藩的大名，定期將味噌醃製的牛肉當作補品獻給江戶的幕府將軍。民間則將獸肉統稱為「山鯨」，又能細分成豬肉是「牡丹」、鹿肉是「紅葉」。

直到十九世紀，原本只能在檯面下進行的肉食文化，隨著美國以武力逼迫日本開港而產生變化。

為了提供牛肉給居

大陸，經過北邊的庫頁島與朝鮮半島移入日本。隨後是帶著水稻文化的彌生人從三千多年前進入日本，往後鮮少發生大規模的民族融合，導致日本人的身高受限。即使現代營養發達，日本成年男性的身高在一九九四年提升至一七〇．九公分。往後的三十年就沒有太大變化。

日本國立科學博物館名譽研究員馬場悠男，指出「相同空間內的動物的個體數量增加時，為了有效分配資源，會產生個頭縮小的情況」。上智大學名譽教授鬼頭宏指出，江戶時代的人口是繩文時代的一百二十倍、彌生時代的五十倍。隨著城市擴張，森林原野範圍逐漸縮小，導致人們的飲食文化愈來愈偏重於攝取穀物。這些都有可能是日本人身高在江戶時代變矮的原因之一。

住在神戶、橫濱的外國人，日本開始正式畜養並宰殺食用牛。日本的大思想家福澤諭吉，年輕的時候參加遣歐使節團，探訪法國、英國、荷蘭、普魯士、俄羅斯、葡萄牙六國，他將肉食視為文明開化的象徵，積極提倡藉由肉食來滋補身體。

即使知識份子大力提倡肉食的好處，但是日本維持了一千兩百年的肉食禁令，雖然檯面下以「藥食」的名義吃肉，畢竟是少數且風味不佳。許多人因為宗教因素，認為吃肉會讓身心受到汙染，並且受到神佛懲罰。只有少數商業嗅覺敏銳的江戶人，認為牛肉會是一門好生意。

關東的牛鍋 vs 關西的壽喜燒

東京商人中川屋嘉兵衛認為牛肉飲食文化有商機，從橫濱採購牛肉賣給位在江戶的英國大使館，但是苦於肉品鮮度低落，決定在東京的白金台設置處理場，引起村民的強烈反彈。

迫於村民的輿論壓力，中川屋嘉兵衛把處理場搬到長滿蘆葦的溼地區域，在英國大使館的碼頭旁邊開設了東京第一家牛肉鋪，不只把牛肉賣給英國商人，並在報紙上刊登廣告，以滋補氣力的藥品為名義販賣牛肉。

一八六八年，有個名為堀越藤吉的廚師在江戶開設牛鍋餐廳，不惜開出四倍的店租金，才說服房東出租房子。但是保守的村民依舊不以為然，經過店家前紛紛掩鼻閉目而過，只有一些喜歡新鮮事物的年輕人勇於嘗試。

所謂的牛鍋，是用鐵鍋將牛肉塊煎到兩面都能鎖住肉汁，取出肉塊後放入蔥、蔬菜拌炒，加入味噌醬調味，再將牛肉塊放回鍋中燉煮。當湯汁稍微收乾時，再加入豆腐與蒟蒻。即使是學習西洋文化食用牛肉，調味還是使用日本人熟悉的味噌，後來改為醬油、砂糖，讓日本人逐漸習慣肉食。

相較於關東以牛肉塊調理牛鍋，關西流行用薄切牛肉片烹調壽喜燒，又稱為鋤燒、杉燒，三者的日文發音相近。一說這是來自山口的料理法，將舊鋤頭洗乾淨當作鍋底，放上禽肉並在周圍鋪上味噌來烹調。也有一說是拿兩片杉板，中間夾肉燒烤。

一八六九年，神戶元町的牛肉壽喜燒店月下亭開業。這是用扁平的鐵鍋放上油脂炙燒牛肉片，將肉片放進蛋汁裡享用。等肉吃完之後，使用牛油跟炙燒牛肉的汁液，放進蔬菜、豆腐、調味料烹煮。在一九二三年關東大地震之後，關西的壽喜燒吃法傳入關東，變成現在常吃的壽喜燒。

日本最早的拉麵

談到日本的麵食文化，經常會有西日本是烏龍麵、東日本是蕎麥麵的說法。但是如果要問什麼是代表日本的麵食，應該會有很多人認為是拉麵吧。其實拉麵跟中國有很大的關係，甚至是二十世紀才正式發展成形的飲食文化。

拉麵的口味千變萬化，一九八〇年代日本就有十九大區域拉麵，分別是旭川、白河、喜多方、博多、米澤、橫濱、高山、和歌山、德島、廣島、鹿兒島、佐野、札幌、熊本、荻窪、京都、函館、久留米、尾道。追根究柢，拉麵最重要的三個元素是麵條、高湯、調味醬汁。日本拉麵的麵條是由麵粉、鹽巴，加上鹼水揉製而成。鹼水就是區別烏龍麵與拉麵口感的關鍵。

鹼水是添加碳酸鈉、碳酸鉀的水溶液，能讓麵條更有嚼勁，麵條的顏色會呈現黃色。這是源自中國的製麵技術，日本傳統的烏龍麵、蕎麥麵則不使用。而且依照地區不同，鹼水的比例也產生變化。愈往日本西南方走，拉麵的鹼水比例就愈低。愈往東北方走，鹼水的比例愈高。

關於拉麵的歷史，料理歷史學者小菅桂子認為，拉麵能夠追溯到德川家康的孫子，御三家的水戶藩主德川光圀，也就是日本傳統連續劇《水戶黃門》微服出巡探查民情的老爺爺。

德川家康在一六〇三年開創江戶幕府之後，只發生過兩場戰爭：一六一四年至一六一五年的大坂之陣，以及一六三七年的島原之亂。社會逐漸進入安定的時代。一海之隔的明朝則因為李自成攻入北京、清兵入關而滅亡。鄭成功為了輔佐南明宗室反攻。儒學家朱舜水擔任鄭成功的使者，前往日本遊說江戶幕府出兵協助反清復明，後定居於長崎。

德川光圀當時是水戶藩藩主，成功延攬朱舜水為水戶藩傳授儒學。傳說朱舜水知道德川光圀很喜歡吃麵食，將中式湯麵介紹給德川光圀。朱舜水拿蓮藕粉入麵，以火腿燉煮高湯，再加上五辛調味。雖然確實是中國傳來的麵，但無法判斷是否使用鹼水製麵，風味又是如何，無法真正跟現代的拉麵畫上等號。

醬油拉麵與豚骨拉麵

時間進入一八五三年，美國派遣軍艦迫使日本開港通商，史稱「黑船事件」。這件事情不但間接影響了日本壽喜燒的文化，也成為拉麵傳入日本的背景。江戶幕府開放橫濱、神戶、長崎、函館等商港，當時有許多中國商人順勢前往日本從事貿易、翻譯等工作。這些中國商人居住與經商的地區，成為現代的中華街。

朱舜水間接影響幕末歷史

明朝儒學家朱之瑜是浙江餘姚人，他以餘姚江的古稱「舜水」為號，德川光圀尊稱他為舜水先生。他以六十幾歲的高齡接受德川光圀的招聘，前往關東的水戶教授明末清初流行的經世致用之學。

德川光圀得到朱舜水的幫助，整合出以儒學、日本國學、史學、神道思想，提倡尊王攘夷、大義名分的學說，因為發源自水戶藩，稱為「水戶學」。水戶藩從德川光圀開始，致力於編撰日本的紀傳體史書《大日本史》，陳述以天皇為中心的尊皇思想。

在列強叩關的幕末時代，人們開始懷疑德川幕府已經沒有代替天皇治理天下的能力，《大日本史》成為影響幕末政治風潮的重要經典。在大河劇《篤姬》，是女主角篤姬愛讀的書籍。

江戶幕府最後一任將軍德川慶喜出身水戶藩，受到水戶學的影響極深。他願意放下權力並且交出江戶城，大概也是因為他信奉尊王思想吧。

撇開朱舜水煮湯麵給德川光圀的傳說不談，日本最早的拉麵起源於何處呢？有個說法認為是一八八四年在函館的洋和軒販售名為南京麵的青蔥雞湯麵。但是一般研究拉麵的書籍大多認為，日本第一家拉麵是尾崎貫一於一九一〇年在淺草開設的來來軒。

尾崎貫一原本任職於橫濱的海關，經常前往中華街用餐。後來辭去工作在淺草開設中華料理，聘用十二名來自廣東的廚師，推出新型態的中式湯麵。除了以雞骨高湯搭配醬油調味，還加上叉燒肉、魚板、菠菜與海苔，後來又加入筍乾做配料，開啟東京醬油拉麵的歷史。

當時日本受惠於第一次世界大戰的軍需景氣，許多鄉下的青年進入城市工作，這種便宜、含有鹽分及脂肪又能填飽肚子的料理，隨著日本進入工業化時代而快速擴散，逐漸取代了日本傳統的蕎麥麵。在庶民階層快速流行，傳播到日本各地的大城市。

九州著名的豚骨拉麵，可以追溯到宮本時男於一九三七年在久留米開設的「南京千兩」，以小火熬製的豚骨清湯。曾經在南京千兩工作的杉野勝見，一九四七年自立門戶開設「三九」，無心插柳地研發出濃濁的豚骨白湯。目前在台灣開設分店的一風堂、一蘭拉麵，都屬於福岡拉麵，湯頭都是受到「三九」影響。福岡拉麵最原本的客群是魚市場的勞工，為了追求上菜速度而使用細麵，並且提供加麵的服務。

除了東京流行的醬油拉麵、九州流行的豚骨拉麵，還有起源於北海道的味噌拉麵。北海道札幌還是拉麵名稱的發祥地。拉麵原本被稱為南京麵、中華麵或是支那麵。大久昌治在北海道的札幌開設「竹家食堂」，聘用山東人王文彩為廚師，店內販賣的肉絲麵被視為是札幌拉麵的起源。

當時在店內用餐的中國籍勞工經常遭到歧視，王文彩煮的麵也會被蔑稱為「清麵」。大久昌治的妻子決定將菜單上的「支那麵」，改成廚師之間常喊的「拉麵」。在第二次世界大戰之後，拉麵正式取代南京麵成為全國性的稱呼方式。

不過，目前札幌流行的味噌拉麵，並不是竹家食堂的口味。而是大宮守人在二戰之後，從中國東北返回日本後，在札幌薄野區開設的「味之三平」，以豚骨搭配味噌的調味，加上炒什錦蔬菜做為配料而馳名。

日本拉麵的歷史在二戰期間隨著物資匱乏而沉寂，但在戰後美軍大量輸出小麥到日本，拉麵的生產與消費就急速復甦。加上日本在一九六〇年代進入高度經濟成長期，拉麵成為許多鄉村青年進城工作時用來填飽肚子的食物。

來自台灣的安藤百福（原名吳百福）在戰後利用美國輸出的麵粉開發出雞汁泡麵，加上電視媒體的廣告戰，打造出日清的泡麵王國，順勢將勞工階層的拉麵推廣到日本家家戶戶。

到了一九八〇年代，日本人均收入提高，進入國內旅遊的熱潮。

許多城市趁勢宣揚自己的拉麵文化。起源於中國的鹼水麵，融入日本各地的飲食文化，加上能追溯到台灣的日清泡麵，終於在一九九〇年代的泡沫經濟時期，拉麵以職人料理的象徵傳播到世界各地。

錦繪與生寫真

——古今追星文化再進化——

人向來喜歡追求自己憧憬的形象，舞台的歌舞伎演員，以及花街柳巷的花魁，就成了江戶時代庶民追捧的明星。沒有攝影技術的江戶時代，浮世繪就像是現代的影視名人海報。多彩套印版畫問世後，有兩位代表性的浮世繪師在美人繪、役者繪的領域大放異彩，就是擅長描繪花魁的喜多川歌麿、以誇張技法描繪歌舞伎演員的東洲齋寫樂。

色藝兼備的花魁

江戶時代初期，男女比例懸殊，許多血氣方剛的武士進駐江戶，境內出現許多名為「傾城屋」的青樓，引發許多社會問題。終於在一六一七年，幕府決定將傾城屋搬遷到人形町附近集中管理，因為這裡原本是長滿蘆葦的溼地，最早被稱為葭原，後來改為同音的吉原。隨著江戶的城市規模日漸擴大，幕府決定在一六五六年將吉原搬遷至江戶更外圍的淺草寺北側。原本位在人形町的吉原，則被稱為元吉原。

吉原是一座擁有兩萬七百坪土地的小型城鎮，四周設有圍牆，外圍環繞寬約三．六公尺的水壕，出入口設有木門查驗身分並管制人員進出，宛如城郭般戒備森嚴，故稱為「遊廓」。全盛時期有超過六千名遊女，包含提供餐飲的料理屋、在宴席奏樂助興的藝者，還有販賣青果、生活用品的商鋪，以及為遊女梳妝的髮結屋等相關產業從業者，共計一萬多人。

初期能夠前往吉原設宴的顧客，大多是幕府高官或是大名等級的武士，陪客的遊女是最高等級的「太夫」，她們必須熟稔和歌、茶道、三味線等教養。隨著富商的地位提升，太夫逐漸消失，取而代之的是服裝華奢的花魁。

武士受限於幕府管制，即使進入遊廓也得低調行事。相較之下，豪商就沒有這個限制，他們會為了爭奪美人的歡心與風流的名聲而爭相炫富。在第五代將軍德川綱吉的年代，有兩個豪商在吉原留下了許多明爭暗鬥的故事。這兩個人分別是紀伊國屋文左衛門與奈良屋茂左衛門，人們稱他們為紀文與奈良茂。

某天奈良茂餽贈兩盤高級料理店的蕎麥麵給吉原的太夫。紀文知道這件事情之後暗暗竊笑，為了讓奈良茂丟臉，他命店鋪的夥計買蕎麥麵送給吉原境內所有的遊女。沒想到紀文的夥計就算跑斷雙腿，也找不到任何一家當天營業做生意的蕎麥麵店。原來是奈良茂提前付錢給吉原周遭所有的蕎麥麵店，請店鋪集體休息一天不做生意。太夫享用的蕎麥麵，變成有錢也買不到的美食，頗有當年千利休以牽牛花招待豐臣秀吉的雅趣。

江戶時代的「今日我最美」

江戶時代有名為《吉原細見》的手冊，詳細記載著每一家傾城屋的所有遊女，以及與遊女會面要花費的金額「揚代」。其實揚代的價格不高，邀請太夫露臉的帳面價格大約黃金一兩，但是，實際花費金額恐怕得超過十倍以上。

想跟太夫締結親暱關係，最起碼得拜訪三次。除了請太夫露臉的揚代，還得負擔酒宴費、同席藝者的表演費、張羅跑腿者的服務費、所有相關人員的小費。住在長屋的百姓，當然沒辦法像富商老爺一樣散盡千金只求美人一笑。

為了滿足長屋江戶仔的追星夢，描繪遊女的錦繪成為市場的熱門商品。花魁的華麗服裝與名貴的飾品，成為江戶時代女性的流行指標。

錦繪是一七六五年發明的浮世繪新技法，採用多色套印，可以展現多彩的顏色而得名，讓浮世繪的品質與產量都推向新的巔峰。

著名的浮世繪出版商蔦屋重三郎，在二十五歲出版《吉原細見》，在三十九歲提拔喜多川歌麿繪製美人畫。早期的美人畫以全身畫為主，歌麿一七九一年出版了一系列的美人畫，採用上半身特寫的大首繪，強調美人嬌媚的表情。收藏在東京國立博物館的《婦人相學十躰．浮気の相》，描繪美人剛從澡堂洗完澡，披上單薄的浴衣回眸一笑的嬌媚模樣，顯得風情萬種。喜多川歌麿喜歡以遊女、花魁、茶屋的看板娘為題材，被歌麿描繪的人，往往會聲名大噪。

江戶時代的超級英雄

江戶時代最具視覺效果的民間娛樂，非歌舞伎莫屬。除了醒目的化妝、不輸給遊女的華麗服裝，現代動作電影使用的吊鋼絲、空翻特技，在江戶時代的歌舞伎身上都看得到。劇情從歷史英雄的二創故事《義經千本櫻》、讓人感到毛骨悚然的靈異傳說《東海道四谷怪談》、斬妖除魔的英雄故事，到不受祝福的情侶私奔或殉情的浪漫故事，可說是應有盡有。

二〇二一年東京奧運開幕式，歌舞伎演員市川海老藏表演的《暫》就是江戶時代非常受歡迎的劇目，被列為歌舞伎十八番。敘述圖謀皇位的惡人清原武衡命令手下殺害無辜忠良，超級英雄鎌倉權五郎颯爽登場大喊一聲「且慢！」（暫く～）救人的爽快故事。

為了表現鎌倉權五郎的英勇模樣，歌舞伎演員要身穿共計六十公斤的服裝與配件。在服裝上，袖子像是巨大風箏的「大袖」，髮髻綁著含有靈力的白色「力紙」，鬢角像是龍蝦形狀的誇張假髮「五本車鬢」，臉上畫著象徵力量的紅色「隈取」，腰掛醒目的大太刀。當他喊出「且慢！」的時候，會先停止動作，轉動脖子，並在最後擺出怒目瞪視的定格動作，這個動作稱為「見得」，具有消災除厄的含意。因此在東京奧運開幕式表演《暫》，背後的涵義就是希望在疫情肆虐的時代，為觀眾祈求平安。

歌舞伎劇場販賣的解說文本、描繪歌舞伎演員的浮世繪「役者繪」，就像現代的電影海報同樣受歡迎。江戶時代最具代表性的役者繪的繪師，就是出道兩年即消失無蹤的東洲齋寫樂。無論生年卒年、師承派系都是一個謎，只知道出版商蔦屋重三郎慧眼識英雄，在一七九四年推出東洲齋寫樂的作品，在短短十個月創作一百四十張以上的歌舞伎役者繪，隨即在一七九五年一月就消失無蹤。他最著名的作品就是描繪第三代大谷鬼次飾演江戶兵衛的模樣，有別於一般全身造型的役者繪，寫樂採取半身特寫的「大首繪」，並以誇張且帶點扭曲的手法描繪臉部表情，伸出雙手擺出鬥雞眼的神情讓人印象深刻。

從錦繪到寫真集

二戰結束之後，日本前後掀起了四波偶像風潮，甚至影響到台灣、香港的演藝圈文化。在眾如繁星的偶像當中，如果要區分出時代跟代表人物，分別是一九七〇年代初期的南沙織、山口百惠；一九八〇年代的松田聖子、小泉今日子、藥師丸博子，目前仍活躍於影壇；隨後進入偶像的冰河時期，直到一九九〇年代後半期的早安少女組、SPEED才重啟偶像文化；目前偶像文化的主流則圍繞在二〇〇〇年代後半至今的AKB48、姊妹團乃木坂46。

這些大都是十幾歲的青春少女，以歌唱為主要活動，並且跨足到廣告、綜藝節目等大眾娛樂領域。最重要的是，這些少女偶像不見得具有百年一遇的美貌或是黃鶯出谷的歌聲，而是像鄰家妹妹那樣讓人感到親切。這是因為日本人向來疼惜青澀且不完美的幼態特質，願意給予庇護與支持。比起遠在天邊的美人，更喜歡略帶不完美的可愛少女。

在電影、電視娛樂逐漸成熟的一九七〇年代與一九八〇年代，喜愛偶像的粉絲藉由娛樂雜誌、寫真集等印刷品收集偶像的周邊商品。就像是江戶仔購買遊女與歌舞伎演員的錦繪。日本娛樂雜誌的銷售金額從前兩波偶像風潮前的一九六〇年的七三二億日圓，到了一九八〇的電視世代攀升為十倍的七六六七億元，換算物價波動大約成長兩到三倍。

從萌到推的變化

戰後四波偶像風潮固然可以找到共通點。經濟學者田中秀臣先生、境真良先生都指出，日本戰後四個時代的偶像風潮，背後都有相同的脈絡。每當日本陷入經濟不景氣時，就容易出現鼓勵人心且可愛的青春偶像。隨著日本進入泡沫經濟的好景氣，民間對於未來充滿憧憬與希望，偶像文化一度進入冰河期。

出生在一九七〇年代至一九八〇年代前期的日本人，從學校畢業之後碰上泡沫經濟後的就職冰河期，被稱為「失落的一代」。他們對於未來發展抱持悲觀態度，出現所謂「草食男女」的詞彙，指涉不積極追求戀愛與結婚、注重個人生活的族群。比起社交關係，他們更願將金錢花費在自己的嗜好與興趣。

充滿青春活力與可愛的早安少女組，藉由「萌」與「癒療」元素，讓經濟停滯期的人們找到一個可以喘口氣的地方。

這個時期正好是網路開始興盛的年代，透過網路隨時可以得到偶像的照片，反而讓人們從「擁有」轉變為更注重獨一無二的「體驗」。由內向情緒的「萌」，轉變為外向的支持關係的「推」。

粉絲藉由支援努力的偶像，得到內心的滿足。劇場導演鈴木聰先生曾經分析少女偶像團體桃色幸運草Z：「團員並非讓人眼睛為之一亮的美女。不見得會將她們視為交往的對象，而是倍感親切的鄰家妹妹。支持她們的行為，像是在支援高中棒球賽努力奮鬥的球員。」

比起早期活躍在電影、電視圈的偶像，地下偶像、AKB48、乃木坂46等偶像團體主打的是「能近距離見到的偶像」。

粉絲為了支援並守護自己支持的偶像，將偶像的成長與成功視為自己的成功，同時繼續維繫偶像與粉絲的互動。粉絲願意投注金錢與時間參加握手會、購買拍立得相片。比起商業性質的宣傳照，專輯或參加握手會、演唱會時能購買的「生寫真」，更能證明自己對偶像的支持。

生寫真有別於一般的商業宣傳照或是寫真集，通常是一包生寫真會隨機放入偶像成員的照片，必須要參加活動才能購買。因為偶像團體人數眾多，購買生寫真也不見得能夠得到自己支持的偶像的照片，因此更具有紀念價值與商業價值。

同樣是追星文化，江戶時代的錦繪是透過大量印刷，讓更多人能夠擁有精美的偶像紀念品。現代的攝影技術與網路傳播，比錦繪的擴散效果更強，但是人們反而想追求更具有紀念價值、能讓喜歡的偶像在團體獲得更高地位的生寫真。這種變化確實很有趣呢。

日本首都之爭

——東京與京都的角力戰——

日本的首都在哪裡？雖然國際認為東京是首都，也有一派說法認為京都仍然是首都。甚至還有日本首都未定論的說法。究竟是怎麼回事？

日本古代將都城稱為「みやこ」（Miyako），意思是天皇的皇居所在地，同時也是政治中心。但是隨著天皇的權力旁落，武士成為實際掌權者之後，皇居所在地不再是政治中心，都城的定義開始變得模糊。

江戶時代，名義上天皇是日本最高統治者，任命幕府將軍治理天下諸侯與百姓。實際情況則是幕府將軍向朝廷提出規範，建議天皇鑽研學問與和歌，政事交由幕府將軍主持，間接框限天皇的統治權。

東西兩都的歷史糾葛

江戶時代流行三都論，認為「江戶是政治的中心，大坂是經濟的中心，京都是威權的中心」。大坂曾經是豐臣秀吉時代的政治中心，在一六一五年遭到德川大軍殲滅放火燒城，隨後在德川幕府嚴密監控下喪失政治影響力。因此在研究江戶時代的政治中心時，主要是討論江戶與京都。

一般認為京都是天皇的居所，理所當然是首都，但是學者大石學先生提倡江戶首都論。江戶時代，內政與外交的決策中心是幕府將軍所在的江戶。無論是朝鮮、琉球的外交信使，或是美國為了向日本施壓要求開港通商而派出軍艦，可以看出外國人都認為江戶是日本的首都。

幕府與朝廷的平衡關係，因為中國與英國在一九四〇年開打的鴉片戰爭產生變化。

日本歷經兩百多年的和平時代，無論是軍備制度或是船艦大砲都不如歐美國家，面對英國、俄國、美國相繼叩關，幕府不得不檢討長久以來的海禁制度，考慮開放港口與歐美推行貿易。

但是當時的孝明天皇非常厭惡外國。即使實際推行日本政權運作的是幕府，外交大事依然需要天皇的背書才能執行。幾經折衝後，幕府在未經天皇同意的情況下決定與美國簽訂條約，引起朝廷與地方有力大名反彈。

雖然從後見之明的角度來看，幕府決定解除海禁與國際交流是正確的做法，不過這件事情也引發了幕府倒台。

一八六七年，江戶幕府第十五代將軍德川慶喜決定大政奉還。隔年一八六八年，薩摩與長州為主軸的新政府軍，與德川幕府為主軸的舊幕府軍，為了爭奪明治時代政府機關與議會的實質影響力而戰。舊幕府軍兵敗退往江戶，在五月宣布開城投降，史稱「江戶無血開城」。當時東日本還有許多地方勢力，不滿薩摩、長州獨攬新政府的權力，持續與新政府軍抗爭，史稱「戊辰戰爭」。新政府軍將領為了穩定東日本的情況，提倡「東西兩都」的建議書。

顧及千年古都的驕傲，只能「奠都」東京

一八六八年七月，江戶正式改名為東京，八月明治天皇舉辦即位

典禮，並在三千三百名兵力護衛之下，從京都出發行幸東京，於十月十三日正式進駐江戶城西丸御殿。沿途給予有貢獻者表彰與獎賞，顯示天皇正式取代幕府將軍，成為名副其實的統治者。

駐守在關東地區監控關東情勢的官員，希望天皇長住東京，但是這件事遭到京都公卿的反對，最後天皇決定在十二月八日還幸京都。隔年一月，太政官下達命令，表示天皇會再度行幸東京。並在二月宣布要將太政官整個轉移到東京。京都上從公卿貴族、下到平民百姓，許多人反對天皇離開千年皇城京都。

三月七日天皇再度離開御所，三月二十八日抵東京，將去年定為皇居的江戶城更名為皇城。從這一刻開始，東京成為實質的首都。太政官大部分機能轉移到東京。將原本東京周遭大名宅邸做為官廳使用。但是這次是以「奠都」為名義，而非遷都。明治四年十一月十七日，天皇舉辦大嘗祭。

幕末維新的陰暗面——戊辰戰爭

日本明治維新經常與清朝的戊戌變法做比較。一般人常以為日本的明治維新是開明先進的新政府，取代顢頇無能的幕府，當德川慶喜開城投降之後，日本就脫離混亂的幕末年代，進入煥然一新的明治時代。近年日本歷史學界回顧這段歷史，檢討掌握新政府主導權的薩摩跟長州長期推行的「薩長史觀」，重新評價幕府的改革，並重新檢討新政府軍對關東、東北、北海道函館的鎮壓戰爭。

德川慶喜在一八六八年四月退出江戶城，日本的政權正式從幕府轉移到新政府。為了展現新氣象，新政府廢除江戶幕府時代的政治架構，參考八世紀天皇親政時代的律令制度，設立太政官為首的三權分立制度。以太政官為首，下轄行政官（行政）、刑法官（司法）、議政官（立法）。太政官相當於當時日本的中央政府，直到一八八五年改為內閣制。

在軍事方面，主導新政府軍的薩摩與長州，仍執意繼續對昔日的政敵會津藩窮追猛打。新政府軍囂張跋扈的態度，引起東北地區、越後北部（現在的新潟縣境內）的藩主反彈，這些藩主組成「奧羽越列藩同盟」對抗新政府軍，要求新政府軍寬待會津藩。新政府軍打著尊王的名分，以強大的戰力瓦解奧羽越列藩同盟，對會津藩發動慘無人道的猛攻。並於隔年（一八六九）五月的箱館戰爭，擊敗舊幕府軍創建的蝦夷共和國，戊辰戰爭就此終結。

平心而論，戊辰戰爭是一場可以避免的內戰。此戰不僅消耗了日本的國力，也留下了歷史的傷痕。會津藩在一八六八年九月宣布投降，戰後仍被新政府軍刻意轉封到本州最北端的下北半島，忍受苦寒的氣候與貧困的生活。

戊辰戰爭的一百二十年後，山口縣萩市的市長企圖跟會津若松市結成友好城市，希望能夠撫平長州與會津藩的歷史恩怨。會津若松市因為考量民意反彈，最終沒有接納萩市的提案。

老一輩的京都人認為天皇只是暫時去東京，總有一天會回到京都，所以將京都視為首都，東京只是皇室的行館。這也不能完全說沒有道理。日本新任天皇的皇位繼承儀式包含眾多儀式，其中最具代表性的是「即位禮正殿之儀」與「大嘗祭」。

「即位禮正殿之儀」相當於英國的君王加冕禮。天皇身穿重要儀式才會穿著的黃櫨染御袍，登上高御座（玉座）正式宣布即位。

大嘗祭則是天皇即位之後，第一次舉辦的重要祭祀。天皇將當年剛收成的新穀所煮的米飯與酒獻給神明，同時天皇也親自品嘗新穀。藉此感謝神明並祈求五穀豐收、國泰民安。唯有完成大嘗祭，皇位繼承儀式才算正式完成。往後每年的祭典則稱為「新嘗祭」。

即使明治天皇行幸東京，大正天皇、昭和天皇的這兩項儀式都是在京都御所舉行，應該多少是為了顧及京都百姓的感受吧。

即使明治天皇以行幸的名義，帶著政府中樞機關遷移到東京。為了顧及當時東日本的統治情況，以及京都貴族與百姓的感受，太政官不敢貿然使用「遷都」這兩個字，而是改用保有想像空間的「奠都」。東京成為內政、外交機能的中心，同時天皇也居住在東京皇居，理論上東京可以視為日本實質的首都。但是又不把話說死，「東西兩都」的架構讓京都人維持千年古都的驕傲。

一九五〇年頒布的《首都建設法》，打破了東京與京都之間微妙的模糊。第一條開宗明義提到「東京都為和平國家的首都，為國之首都」。一九五六年《首都建設法》遭到廢止，改頒布《首都圈整備法》，只提到東京都與周遭的神奈川縣、千葉縣、埼玉縣、茨城縣、栃木縣、群馬縣、山梨縣為首都圈，卻沒有講明日本的首都到底在哪裡。

其實依照國際標準來看，首都不見得是皇宮所在地，而是內政與外交的中心，東京理應被視為日本的首都。只是從法律的層面來看，目前沒有任何法條明確提到東京是首都。

首都機能移轉計畫

撇開法條的保留空間，單純考究歷史發展。京都從七九四年桓武天皇遷都平安京，到一八六九年奠都東京為止，曾經是日本的首都。從一八六九年之後，東京則成為現今實質的首都。其實在奠都東京之後的一百多年間，曾經有幾次轉移首都的動向。

在一八九四年，明治天皇曾經行幸廣島長達兩百多天，並且在廣島臨時議會堂舉辦會議，有一說認為當時曾經考慮遷都到廣島。一九二三年發生關東大地震，造成十萬多人死亡與失蹤。大阪《朝日新聞》的社論主張敦請天皇離開東京，回到近畿地區。也曾考慮遷都到兵庫縣的加谷川，這裡不曾發生大地震，加上鄰近大阪與神戶港擁有地利。或是搬遷到東京近郊的八王子，不僅能減輕搬遷政府機關的費用，而且八王子位在地盤較穩固耐地震的武藏野台地。最後政府決定重新建設東京。

一九六五年，河野一郎提出將首都遷移到靜岡縣的濱名湖周邊。濱名湖遷都論支持者認為，濱名湖有充沛的水源可供使用，而且位在東京與京都之間，加上當時東海道新幹線剛開通，也能利用鐵路聯絡北邊的長野縣、富山縣、新潟縣。不過這個提議最終也未被採納。

一九九〇年代因為泡沫經濟造成東京地價飛漲，日本國會通過「國會移轉決議」，考慮將栃木縣、岐阜縣東美濃與名古屋一帶，做為國會移轉預定地。後來反對首都移轉的石原慎太郎勝選，加上泡沫經濟破滅後的經濟停滯，首都機能轉移計畫因此沉寂。

隨著一九九五年阪神大地震、二〇一一年東日本大地震的發生，促使日本政府重新檢討首都機能過度集中在東京的弊病，著手將政府機關分散到日本各地。

京都在東日本大地震後提出「雙京構想」，提倡讓皇居回歸京都，將京都打造成文化的中心、東京打造成政治經濟中心的雙首都制。不禁讓人好奇，日本的首都爭議將以什麼樣的形式落幕？

持續變化的東京

——從二戰到後泡沫經濟時代——

二戰結束至今已有七十餘年。在二戰被轟炸成焦土的東京，脫胎換骨成為世界最繁榮的都市之一，也是世界流行文化的發源地。在這七十餘年間，東京其實是隨著日本經濟發展逐漸改變樣貌。

一九四五年，日本向同盟國投降。盟軍的軍隊進駐日本，以麥克阿瑟為最高司令官的駐日盟軍總司令部（GHQ）成立於東京，指導日本推行新政策。解散軍隊與解體財閥，要將日本改造成民主主義國家。

財閥是指明治維新到二戰期間，擁有資金的富商以家族企業的形式，跨足金融業、工業等領域的龐大集團，這些財閥與政界關係良好，經營許多政府特許的行業累積資金。這些財閥被認為是日本軍國主義領導者對外發動戰爭的金援。因此在戰後成為GHQ改革的對象。

日本三大財閥的存亡

三井、三菱、住友被稱為日本三大財閥。三井財閥起源於商人三井高俊，他的四子三井高利在江戶開設三井越後屋，販賣和服布料積攢資金，後來跨足到金融、礦業、工業。著名的三越百貨是從三井與越後屋各取一字而命名。住友財閥則是在江戶時代初期，以煉銅的技術發展礦業致富。三大財閥的三菱財閥起步較晚，是高知縣出身的岩崎彌太郎，在明治政府的扶持之下經營海運事業，往造船、礦業、鐵路、貿易等領域發展。

二戰結束的時候，三大財閥握有的資產占日本總資產的二二％，占全國重工業的三二・四％，占金融業的四九・七％。GHQ要求財閥家族必須出清手上持有的股份，退出財閥關係企業的幹部職位、龐大的企業要拆分為個別公司，並且禁止使用原本的商號。三井財閥拆分為兩百多家公司。三菱財閥則分成一百三十多家公司。

在二戰結束的五年後，世界局勢產生巨大變化。自由主義的美國與社會主義的蘇聯成為世界兩大強權，演變出軍備競賽、雙方率領各自的陣營爭奪主導權的冷戰時期。一九五〇年六月爆發韓戰，朝鮮民主共和國（北韓）打著統一的口號進攻大韓民國（南韓），以美軍為首的盟軍介入韓戰。盟軍為了縮短補給線，向日本企業下單訂購大量物資，並且解除對財閥的限制。原屬於同一個財閥的眾多公司，以企業聯盟的形式，打著交流訊息與聯絡感情為理由成立親睦會。

戰後的日本將有限的資金、資源投注在基礎工業發展，以鋼鐵、化學、機械為主。加上美國在一九四九年設定的

三大財閥的親睦會

三菱的親睦會固定在每個月的第二個週五（金曜日），稱為金曜會。以三菱重工、三菱東京UFJ、三菱商事為中心。三井是在每個月的第二個週四（木曜日）舉辦，稱為二木會。住友則是以江戶時代煉銅的商號泉屋，將泉分為白水兩字，故命名為白水會。

這三個親睦會有各自的文化，稱為「組織的三菱、人才的三井、團結的住友」，至今仍然影響日本經濟。根據二〇一六年的資料，參加金曜會的公司合計營業額為五十六兆日圓，二木會成員的合計營業額有四十一兆日圓，白水會成員合計營業額有三十二兆日圓。

單一匯率，固定維持三六〇日圓兌換一美金的匯率，日本順利度過戰後混亂期，在韓戰的特需景氣之下迎向復興。

見證日本經濟高度成長期的東京鐵塔與武道館

日本迎來一九五五年的神武景氣、一九五八年的岩戶景氣。這些名稱都是來自日本神話，神武景氣指的是打從日本第一個天皇神武天皇以來的經濟起飛；岩戶景氣的典故則是日本神話的天照大神躲進岩洞，世界陷入日蝕的黑暗，直到天照大神離開岩洞，世界才重現光明。

日本首相池田勇人在一九六〇年推行「國民所得倍增計畫」，要在十年之內讓人民的薪水能夠翻倍。小學教師的基本薪資從一九六一年的一一四〇〇日圓提高到一九六五年的一八七〇〇日圓，成長幅度幾乎是六〇%。外食費用漲幅則為二〇%，薪水調漲幅度大於通膨，百姓開始有餘力消費。

一九五八年的東京鐵塔與一九六四年的東京奧運，象徵日本在此時走出戰爭陰影，迎向新的時代。

一九五〇年代後期，東京境內有許多電視台設立的電波塔，導致城市景觀顯得非常凌亂。在市民與電信業者的期待之下，高三三三公尺的東京鐵塔終於在一九五八年落成，肩負傳送電視、廣播訊號的重責大任。為了航空安全，鐵塔以橘紅色及白色為主，呈現俐落又時髦的風采。天氣晴朗的時候，還能在展望台上眺望富士山。熱門電影《ALWAYS幸福的三丁目》就是描述東京鐵塔建設期間，東京下町小修車廠的人情冷暖故事。

一九六四年舉辦東京奧運，日本以地主國的身分拿下十六面金牌，位居第三，全國瀰漫著明天會更好的樂觀氣氛。為了辦好這場國際盛會，日本事先傾全國之力修築許多基礎建設。拓寬了連接澀谷、表參道、明治神宮外苑的青山通等二十二條街道。目前赴日觀光客從羽田機場前往東京市區的東京單軌電車，以及從東京前往名古屋的東海道新幹線，都是為了一九六四年東京奧運所興建的基礎建設。

日本音樂聖地的東京武道館，是當時興建的奧運會場之一。除了體育活動，這裡也是音樂的殿堂。披頭四樂團、齊柏林飛船等世界知名的樂團曾在這裡舉辦音樂活動。日本許多偶像團體、樂團、歌手都以登上武道館舉辦演唱會做為目標努力奮鬥。

跨越經濟安定到泡沫經濟的澀谷109百貨

一九七〇年代是世界經濟低迷的年代，前後兩次的石油危機為世界經濟帶來重創。第一次石油危機，是因為沙烏地阿拉伯為主的石油輸出國組織，不滿歐美等國親以色列的行為，在一九七三年限制石油出口做為報復。第二次則是一九七九年的伊朗革命，導致石油產量銳減。民間產生恐慌情緒，出現了囤積衛生紙的市場混亂情況，稱為衛生紙騷動。無獨有偶，日本跟台灣在新冠疫情期間同樣發生過搶購衛生紙的社會風潮。

所謂「塞翁失馬，焉知非福」，雖然石油危機造成原材料價格上漲。豐田汽車提前減產以降低庫存壓力，趁著歐美因為油價高漲而追求省油汽車的需求，將相對輕巧且省油的日本製汽車，搭配匯率優勢銷往美國，讓豐田汽車能夠逆風成長。日本則以擴大基礎建設的方式，維持五%左右的經濟成長率。

隨著時間進入到一九八五年，日本經濟迎來巨大改變。美國為了改善貿易與財政赤字，在紐約舉辦廣場會議促使日圓升值，影響資金回流日本的證券市場。帶動日本走向土地與股票資產的泡沫經濟時代。泡沫經濟從一九八五年開始，於一九八九年十二月二十九日創下東京證券交易所日經指數最高紀錄的三八九一五日圓。

坐落於澀谷街頭的109百貨見證了日本泡沫經濟，它是日本東急株式會社旗下的百貨公司，正對著熙攘的澀谷街口，一次綠燈的通行時間內，竟然有一千多人通過路口，是全世界最繁華的十字路口，好萊塢電影《玩命關頭3》曾在這個街口取景。

有別於三越等老牌吳服屋發展出來的百貨公司，以仕紳名流貴婦為主客群。東急這類鐵路公司經營的百貨公司則是注重年輕族群，對流行文化非常敏感。109百貨創立於一九七九年，以三十歲以下的年輕女性為主要客群，在泡沫經濟破滅的一九九〇年代後期，這裡是「109辣妹」文化的發源地，高中生為主的少女們特地將膚色晒成小麥色、頭髮染成淺色，搭配泡泡襪的造型，重新顛覆人們對於美少女的定義。

泡沫經濟破滅之後，日本企業因為日圓升值，大量增加海外投資，並將生產線轉移到海外據點，造成產業空洞化、失業人口增加。進入失落的十年。二〇〇〇年後日本受惠於亞洲經濟復甦，景氣逐漸好轉。又在二〇〇八年的雷曼風暴中再度受到重挫。日本推出寬鬆貨幣、靈活的財政政策、發展民間投資的安倍經濟政策。日本股市與跨國大企業因此獲利，但因為日圓持續走低，導致貧富差距加大，日本景氣的走向仍然不明朗。

東京的樣貌往往隨著經濟發展產生變化，未來的東京會呈現什麼樣的面貌呢？就讓我們拭目以待吧。

參考資料

一、中文專書

- JTB Publishing, Inc.（二〇一七）。《放大鏡下的日本城市慢旅 名古屋東海圖鑑：圖解日本名勝與文化，剖析建築美學‧人文內涵，全彩自我導覽旅遊書》（郭欣惠譯）。新北：瑞昇文化事業股份有限公司。
- JTB Publishing, Inc.（二〇一七）。《放大鏡下的日本城市慢旅 京都圖鑑：當自己的最佳導遊！日本JTB出版社深度質感旅遊書系列，好評上市》（林麗秀譯）。新北：瑞昇文化事業股份有限公司。
- JTB Publishing, Inc.（二〇一七）。《放大鏡下的日本城市慢旅 東京圖鑑：圖解日本名勝與文化，剖析建築美學‧人文內涵，全彩自我導覽旅遊書》（林麗秀譯）。新北：瑞昇文化事業股份有限公司。
- 八幡和郎（二〇一七）。《日本古都圖解事典：影響日本歷史的城市53問》（陳心慧譯）。新北：遠足文化事業股份有限公司。

- 小和田哲男監修（二〇一五）。《破解！清須會議的50個謎團：改變日本戰國時期權力分配的重要關鍵》（郭清華譯）。新北：遠足文化事業股份有限公司。
- 中公新書編集部（二〇一九）。《日本千年歷史之謎：從邪馬台國到象徵天皇制，29個難解謎團探索》（任鈞華、龔婷譯）。新北：遠足文化事業股份有限公司。
- 中村義裕（二〇一七）。《日本傳統文化事典》（陳亦苓譯）。新北：遠足文化事業股份有限公司。
- 王文萱（二〇一三）。《京都爛漫：遊京都戀上日本文化》。新北：一起來出版。
- 田中秀臣（二〇一三）。《AKB48的格子裙經濟學：素人偶像的創意行銷效應》（江裕真譯）。台北：遠流出版事業股份有限公司。
- 安藤優一郎（二〇一九）。《參勤交代：江戶幕府的統治關鍵》（黃琳雅譯）。新北：遠足文化事業股份有限公司。
- 何傳馨、林天人編（二〇一六）。《日本美術之最：東京、九州國立博物館精品展》。台北：國立故宮博物院。
- 杉浦日向子（二〇〇九）。《一日江戶人》（劉瑋譯）。台北：漫遊者文化事業股份有限公司。

- 李拓梓（二〇二二）。《改變日本歷史的總理大臣：從伊藤博文到岸田文雄》。新北：黑體文化。
- 岡田哲（二〇一三）。《明治洋食事始：日式炸豬排誕生的故事》（林錚顗譯）。台北：玉山社出版事業股份有限公司。
- 河合敦（二〇二一）。《倒著讀日本史》（陳薪智譯）。新北：楓樹林出版事業有限公司。
- 洪維揚（二〇二二）。《御一新：近代日本的光與影》。新北：遠足文化事業股份有限公司。
- 茂呂美耶（二〇〇三）。《江戶日本》。台北：遠流出版事業股份有限公司。
- 凌宗魁（二〇一八）。《紙上明治村2丁目：重返臺灣經典建築》。新北：遠足文化事業股份有限公司。
- 宮尾重男（二〇一八）。《壽司物語：內行人才知道的壽司美味與文化》（王華懋譯）。台北：時報文化出版企業股份有限公司。
- 宮崎正勝（二〇一二）。《你不可不知的日本飲食史》（陳心慧譯）。新北：遠足文化事業股份有限公司。
- 徐逸鴻（二〇二〇）。《圖說日治台北城》。台北：貓頭鷹出版社。

- 祖父江孝男（二〇一八）。《日本縣民性學問大：文化人類學家的47都道府縣性格大調查》（陳亦苓譯）。新北：遠足文化事業股份有限公司。
- 梅棹忠夫（二〇一四）。《民族學家的京都導覽：從地理、歷史、居民性格到語言》（蘇文淑譯）。新北：遠足文化事業股份有限公司。
- 陳志坪（二〇一五）。《日本經濟概論》。台北：五南圖書出版股份有限公司。
- 森谷尅久（二〇一七）。《京都地理．地名．地圖之謎：解讀古都不為人知的歷史！》（許郁文譯）。新北：遠足文化事業股份有限公司。
- 蔡亦竹（二〇一七）。《風雲京都：京都世界遺產的文化人類學巡檢》。新北：遠足文化事業股份有限公司。
- 蔡亦竹（二〇一六）。《表裏日本：民俗學者的日本文化掃描》。新北：遠足文化事業股份有限公司。
- 澤田浩（二〇一八）。《日本皇室大解密：從59個關鍵字認識時事中的皇室角色》（黃琳雅譯）。新北：遠足文化事業股份有限公司。
- 鞭神老師（二〇一九）。《百年和食：懂食材、通典故、會點菜、訪老店，鞭神老師的日本料理研究室》。台北：寫樂文化有限公司。

・鞭神老師（二〇一八）。《百年飯桌：吃飯不讀書，踩雷徒傷悲！鞭神老師的常民美食研究室》。台北：寫樂文化有限公司。

二、日文專書

・エディキューブ（二〇一一）。《彩色大江戸事典》。東京：双葉社。
・スタジオワーク（二〇二〇）。《眠れなくなるほど面白い 図解 建築の話》。東京：日本文芸社。
・安藤優一郎（二〇一六）。《江戸の色町：遊女と吉原の歴史》。東京：カンゼン。
・稲田和浩（二〇一八）。《ゼロから分かる！図解落語入門》。東京：世界文化社。
・岡田哲（二〇一九）。《ラーメンの誕生》。東京：筑摩書房。
・亀田忠男（二〇一九）。《自動車王国前史：綿と木と自動車》。愛知：中部経済新聞社。
・境真良（二〇一四）。《アイドル国富論：聖子・明菜の時代からAKB・ももクロ時代までを解く》。東京：東洋経済新報社。
・原田信男（二〇一四）。《日本人はなにを食べてきたか》。東京：KADOKAWA。
・財閥研究会（二〇一六）。《三菱・三井・住友：「三大財閥」がわかる本》。東京：三笠書房。
・山下裕二、高岸輝（監修）（二〇一四）。《日本美術史》。東京：美術出版社。
・守屋正彦（二〇一二）。《日本の絵画》。東京：東京美術。
・小菅桂子（二〇一七）。《にっぽん洋食物語大全》。東京：筑摩書房。
・新居典子（二〇一九）。《ゼロから分かる！図解 歌舞伎入門》。東京：世界文化社。
・中山淳雄（二〇二一）。《推しエコノミー：「仮想一等地」が変えるエンタメの未来》。東京：日経 BP。
・田中英道（二〇一二）。《日本美術全史：世界から見た名作の系譜》。東京：講談社。
・都会生活研究プロジェクト名古屋チーム（二〇〇七）。《名古屋ルール ルールシリーズ》。東京：中経出版。
・日本経済新聞社編（二〇二〇）。《名古屋のトリセツ》。東京：日本経済新聞出版。

・日本経済新聞社編（二〇二二）。《戦後日本経済史》。東京：日本経済新聞出版。
・飯野亮一（二〇一六）。《すし　天ぷら　蕎麦　うなぎ：江戸四大名物食の誕生》。東京：筑摩書房。
・北岡正三郎（二〇一一）。《物語 食の文化：美味い話、味な知識》。東京：中央公論新社。
・北見宗幸（二〇一九）。《裏千家　茶道ハンドブック》。東京：山と溪谷社。
・野地秩嘉（二〇二一）。《トヨタ物語》。東京：新潮社。
・歴史文藝編集部（二〇二〇）。《『北斎漫画』全15編とそのみどころ：葛飾北斎の傑作画集をみどころ解説とともに》。東京：歴史文藝社。

三都傳奇：東京、名古屋、京都的文化散步 / 月翔作 . -- 第一版 . -- 臺北市 : 遠見天下文化 , 2023.09
320 面 ; 14.8×21 公分 . -- (社會人文 ; BGB555)
ISBN 978-626-355-376-7 (平裝)
1. 人文地理 2. 日本東京都 3. 日本名古屋 4. 日本京都市
731.726085　　112013404

社會人文 BGB555

三都傳奇

東京、名古屋、京都的文化散步

作者 — 月翔（陳俊男）

總編輯 — 吳佩穎
社文館副總編輯 — 郭昕詠
副主編 — 張彤華
校對 — 凌午（特約）
封面設計 — 朱疋（特約）
內文版型設計及排版 — 蔡美芳（特約）

出版者 — 遠見天下文化出版股份有限公司
創辦人 — 高希均、王力行
遠見・天下文化 事業群榮譽董事長 — 高希均
遠見・天下文化 事業群董事長 — 王力行
天下文化社長 — 林天來
國際事務開發部兼版權中心總監 — 潘欣
法律顧問 — 理律法律事務所陳長文律師
著作權顧問 — 魏啟翔律師
社址 — 臺北市 104 松江路 93 巷 1 號
讀者服務專線 — 02-2662-0012 ｜傳真— 02-2662-0007；02-2662-0009
電子郵件信箱 — cwpc@cwgv.com.tw
直接郵撥帳號 — 1326703-6 號　遠見天下文化出版股份有限公司

製版廠 — 中原造像股份有限公司
印刷廠 — 中原造像股份有限公司
裝訂廠 — 中原造像股份有限公司
登記證 — 局版台業字第 2517 號
總經銷 — 大和書報圖書股份有限公司｜電話 — 02-8990-2588
出版日期 — 2023 年 9 月 8 日第一版第 1 次印行

定 價 — 450 元
ISBN — 978-626-355-376-7
EISBN — 9786263553859（EPUB）；9786263553866（PDF）
書 號 — BGB555
天下文化官網 — bookzone.cwgv.com.tw

本書如有缺頁、破損、裝訂錯誤，請寄回本公司調換。
本書僅代表作者言論，不代表本社立場。

天下文化
BELIEVE IN READING